Gottfried Heer

Blätter aus der Geschichte der Gemeinde Schwanden

Gottfried Heer

Blätter aus der Geschichte der Gemeinde Schwanden

ISBN/EAN: 9783743666191

Hergestellt in Europa, USA, Kanada, Australien, Japan

Cover: Foto ©ninafisch / pixelio.de

Weitere Bücher finden Sie auf **www.hansebooks.com**

Blätter

aus der

Geschichte der Gemeinde Schwanden

von

Gottfr. Heer, Pfarrer in Betschwanden.

Erstes Heft.

Glarus
Buchdruckerei Glarus
1893.

Irgend ein Geschichtsschreiber — ich weiß seinen Namen in diesem Moment wirklich nicht mehr zu nennen — soll den Ausspruch getan haben: eine vollständige, richtige Geschichte eines Landes könne man erst schreiben, wenn vorher die Geschichte jedes einzelnen Schlosses, jedes Städtchens und jedes Dorfes erforscht worden. Wenn dieser Ausspruch richtig wäre (und eine gewisse Richtigkeit wird ihm nicht abgesprochen werden können), so läge es auch im Interesse einer künftigen „Geschichte des Landes Glarus", wenn ich seit ein paar Jahren es unternommen, die Geschichte einzelner Gemeinden zu beschreiben (1891 Diesbach-Dornhaus, 1892 Eschentagwen) und den bisherigen Veröffentlichungen, so Gott will und wir leben, in den nächsten paar Jahren die Geschichte einiger weiterer Gemeinden möchte folgen lassen. Es dürften diese Einzelbilder als Bausteine für eine Kulturgeschichte des Landes Glarus doch nicht ganz ohne Wert sein.

Es ist aber auch ein pädagogischer Grundsatz, der mich veranlaßt, die Geschichte einzelner Gemeinden zu erzählen. Vom Nahen zum Fernen! ist ein Grundsatz, der wenigstens in thesi allgemein anerkannt wird, wenn er auch in der Praxis oft genug außer Acht gelassen wird. Diesem Grundsatz folgend, möchte ich der Schule, (Primarwie Fortbildungsschule) gern behülflich sein, daß sie die Erzählung von Begebenheiten vergangener Jahrhunderte, von denen die Glarner- und Schweizergeschichte uns berichtet, an Erinnerungen, die in der eigenen Gemeinde fortleben, anknüpfen kann. Ohne Zweifel würde dadurch das geschichtliche Interesse geweckt, und das Verständnis vergangener Dinge erleichtert.

Indem ich durch diese kurze Vorbemerkungen mich genügend entschuldigt erachte, wenn ich es versuche, die Geschichte der Gemeinde Schwanden zu erzählen, verdanke ich allen denen, die durch ihre Beiträge und Belehrungen meinen Versuch unterstützten, ihre freundliche Mithülfe.

1. Die ersten Ansiedler.

Urkundlich begegnet uns der Name Schwanden erst 1240, indem bei einem am 17. Juni g. J. erfolgten schiedsrichterlichen Spruche in Sachen der Aebtissin von Seckingen und dem Meier Rudolf von Windeck[1]) u. a. ein Henricus (Heinrich) de Swando als Zeuge erscheint. Und noch später begegnen uns die übrigen Ortschaften der Gemeinde Schwanden: 1273 wird uns in einer die neu= gegründete Kirche des Sernftals beschlagenden Urkunde, als Grenze zwischen der Gemeinde des Sernftals und derjenigen des Haupttales ein erstes Mal der Weiler Wartstalben genannt[2]) und im Jahr darauf, 1274, begegnet uns ein erstes Mal der Name Obfurn[3]) und bezeugt damit mittelbar auch das Vorkommen seines Nachbarortes Nitfurn, 1289 (Nov. 14) findet sich ein Herr Burchhard von Hasle unter den Bürgen, welche die Landleute von Glarus in einer zu Gunsten der Her= zöge von Oestreich ausgestellten Schuldverschreibung Rudolf dem Hofstälter in Walenstadt gegeben haben, während andere Ortschaften der Gemeinde Schwanden erst in dem bald zu erwähnenden Seckinger Urbarium (ca. 1302) uns ein erstes Mal urkundlich bezeugt werden.

Wenn wir lediglich auf urkundliche Belege abstellen wollten, so dürften wir demnach die Geschichte von Schwanden erst mit dem 13. Jahrhundert beginnen. Wollen wir

---

[1]) Urkundenbuch des Kantons Glarus, pag. 35.
[2]) „   „   „   pag. 61.
[3]) Urkunde vom 31. Juli 1274 (l. c. pag. 66); die Aechtheit dieser Urkunde ist aber keineswegs unbestritten; Professor Schulte zählt sie ganz unbedingt zu den von Aegid. Tschudi zu Ehren seiner Dynastie selbstfabrizierten.

dagegen noch etwas weiter zurückgehen, um über die ersten Ansiedler in hiesiger Gegend etwas in Erfahrung zu bringen, so müssen wir uns nach andern Zeugnissen umsehen, und solche andere, ältere Zeugnisse sind uns auch in der That noch erhalten: in den verschiedenen Oertlichkeitsnamen, welche, die Tradition von mehr denn 1000 Jahren fortpflanzend, zum guten Teil bis auf den heutigen Tag sich erhalten haben, zu einem Teile wenigstens in noch vorhandenen Urkunden sich vorfinden. Nur ist dieses Aktenmaterial, welches die Etymologie uns an die Hand gibt, nicht immer so leicht zu entziffern, und auch nicht immer so sicher zu deuten, als wir es wohl wünschen möchten. Wagen wir immerhin einen kurzen etymologischen Versuch.

Da ist zunächst der Name Schwanden selbst. Bekanntlich führt Schwanden in seinem Wappen einen Schwan und darin liegt deutlich eine früher beliebte Ausdeutung des Namens Schwanden ausgedrückt; aus demselben Grunde zeigt auch das Wappen der Wichser von Schwanden als Helmzierde zwei Schwanenhälse;[*]) und noch der Chronist Joh. Heinrich Tschudi, im Anfang des vorigen Jahrhunderts Pfarrhelfer von Schwanden, leitet augenscheinlich den Namen Schwanden von Schwan ab, indem er deshalb gelegentlich (in seinen „monatlichen Gesprächen") Schwanendorf schreibt. Es war diese Herleitung nicht gewagter als manche andere, nicht besser, aber auch nicht schlechter als z. B. die Ableitung des Namens Näfels von Nähefels oder diejenige von Leuggelbach von Locken („weil der Bach sich beim Sturze in Locken verteilt"), auch kaum schlechter als diejenige eines modernen Sprachgelehrten, der den Namen Zufingen mit den Prozessionen nach der Wendelskapelle in Verbindung brachte und als zu=singen erklärte! auch nicht willkürlicher, als wenn die Wappenmaler den Geschlechtsnamen der Ott mit der Otter, denjenigen der Marti mit einem Marder in Beziehung setzten.

---

[*]) s. Wappentafel zum histor. Jahrbuch, Heft XV.

Dagegen bedarf es doch heute wohl kaum mehr eines Beweises, daß alle diese Herleitungen willkürlich, unrichtig sind. Der Name „Schwanden", der bekanntlich nicht bloß im Kt. Glarus vorkommt, sondern auch im Gaster, im Kt. Uri (bei Unterschächen), im Kt. Zürich (z. B. in der Pfarrei Richterswyl), im Kt. Luzern (z. B. bei Vitznau) und besonders reichlich im Kt. Bern, ⁵) ebenso in Zusammensetzungen wie Aaschwanden, Betschwanden, Meisterschwanden sich vorfindet, ist gleichen Sinnes und gleicher Abstammung wie das in hiesigem Kanton so häufig vorkommende Schwändi. ⁶) Der Name Schwanden ist, wie Schwändi (im Kt. Appenzell und anderswo auch Schwendi) herzuleiten von schwenden, schwindenmachen, ausreuten, und bezeugt uns, daß diejenigen, welche Schwanden diesen Namen gegeben, die Gegend noch wüste, unkultivirt angetroffen haben; und so liegt, da Schwanden sonach ein gutdeutsches Wort ist, in diesem Namen der Beweis, daß die Alamannen bei ihrem Einzug ins Glarnerland oder vielmehr bei ihrem Vorrücken gegen die Täler des Hinterlandes die Gegend am Zusammenfluß der Linth und des Sernfts noch unbebaut fanden. Und das Nämliche geschieht auch durch verschiedene andere Namen, die im Gebiete von Schwanden und seiner Ausdorfschaften uns begegnen. Dieses gilt z. B. von dem in der Nähe des Thon befindlichen **Rüti** (und **Rüteli**) — ein Ortsname, der bekanntlich zu den

---

⁵) Im Kt. Bern tragen gewiß zum mindesten ein Dutzend Dörfer oder Weiler den Namen Schwanden. Am bekanntesten ist wohl das am Fuße des Brienzerhorns befindliche Dörfchen dieses Namens, das 1797 durch einen Bergsturz heimgesucht wurde, der 37 Wohngebäude zerstörte; überdies wurden mir als bernische Schwanden aufgezählt: Schwanden bei Burgdorf, Schwanden im Amt Signau, (eines in der Pfarrei Rüderswyl, eines in der Gemeinde Trub), dito in der Pfarrei Köniz, eines bei Trachselwald, ein Schuldorf in der Pfarrei Sigriswyl, eines in der Gemeinde Schüpfen und eines in der Pfarrei Kirchberg. Das sind aber schwerlich alle.

⁶) So tragen in den Huben von Betschwanden und Diesbach verschiedene Güter teils im Thal, teils in der Höhe von 900 bis 1000 Meter diesen Namen, aber auch im Sernftthal wie im Unterland begegnet uns dieser Name wiederholt.

weitverbreitetsten gehört und von „rüten", reuten herstammt; und von derselben Bedeutung ist auch der Name des auf der rechten Seite der Linth befindlichen „Grüt". Aber auch das wie anderwärts, so auch auf dem Territorium von Schwanden wiederholt vorkommende „Schlatt" gehört hieher, indem das ahd. slate ursprüglich geschlagenes Holz, dann aber auch den Platz, wo Holz geschlagen worden, also Neubruch, bedeutete; und auch Bränd[7]) erinnert an das Werk des Urbarisirens, andeutend, daß ein Stück Land durch Niederbrennen in Weideland verwandelt worden. Auch der Name „Schwamm"[8]), der heute vielleicht für manche zunächst rätselhaft klingt, weist auf die Arbeit des Urbarisirens zurück, und hat es mich einigermaßen überrascht, aus den Protokollen der Gemeinde Schwanden zu ersehen, daß noch im vorigen Jahrhundert die Bedeutung dieses Wortes ungleich verständlicher war, als dies heute der Fall sein dürfte, indem darin der Ausdruck „schwemmen" noch in dem Sinn gebraucht wird: einen Wald durch Abholzen und Ausroden in Weideland verwandeln.

Wenn diese verschiedenen Namen Schwanden, Schwändi, Schwamm, Bränd, Rüti, Grüt, alle auf die Thätigkeit des Reutens hinweisen, so deuten wiederum andere ebenfalls deutsche Namen auf das Gehölze hin, durch dessen Wegräumung die nötige Weide oder Raum für die Anlage von Gehöften gewonnen wurde.

Von den auf dem Gebiete von Schwanden vorkommenden Ortsnamen thun dieses vor allem Haslen und Widen, dann aber auch der Däniberg unterhalb Schwanden, der mit dem ob Schwanden befindlichen Tannenberg von gleicher Bedeutung ist. Aber auch das Thon, das durch seine heutige Schreibweise seine ursprüngliche Bedeutung verleugnet und deshalb wahrscheinlich auch

---

[7]) Unterhalb Schwändi, an der Guppenruns, zwischen dieser und dem Eichwald.

[8]) Neuhüttenalp.

schon zu falschen Erklärungen Anlaß gab, gehört derselben Gruppe von Namen an, indem der Kirchenbrief von 1350 gewiß mit Recht nicht Ton, sondern Tan („in dem Tan") schreibt und damit wohl deutlich darauf hinweist, daß auch hier wie im Däniberg die ersten Gehöfte dem Tannenwald abgewonnen wurden, in diesem sich fanden. Auch Ellmen (im Niebernthal, am Nordabhang des Salengrates) dürfte hieher gehören, d. h. von Ilme (Oelme-Ulme) abgeleitet werden, und ebenso das alte Neßlowe (die Nessel-Au), das heutige Leu.

Ganz unzweifelhaft deutschen Ursprungs sind aber auch die Ortsnamen, die auf ingen enden, wie sie uns in Zusingen, Lassingen, Bänzingen, Baldrigen (nördlich von der Hasliruns, an der Grenze der Huben von Mittlödi, doch noch zu Schwändi gehörend) oder in dem nun mit Nitfurn verbundenen, einst eine eigene Ortschaft bildenden Bönigen begegnen. Wer schon durch verschiedene schweizerische und süddeutsche Gaue hindurchgewandert ist, der weiß es, wie häufig auf „ingen" ausklingende Namen wiederkehren. Fährt man z. B. mit der Schwarzwaldbahn von Offenburg nach Singen, so begegnen uns auf der ersten Hälfte dieser Fahrt eine Anzahl Dorfschaften, deren Namen auf „ach" auslauten; wenn wir aber ins Donaugebiet hinüberrücken, folgen sich Villingen, Neudingen, Geisingen, Immendingen, Hattingen, Welschingen und Singen. Schweizerischerseits erinnere ich an die Ortsnamen Wülflingen, Döttingen, Wilchingen, Grüningen, Hottingen, Wettingen, Beggingen, Beringen, Berlingen, Matzingen ꝛc. und glarnerischerseits an Hätzingen, Luchsingen, Beglingen, Fischligen u. a. Alle diese auf ingen (glarnerisch auch in igen oder igä verkürzt: Luchsigä, Begligä ꝛc.) auslautenden Namen bezeichnen die Heimstätte ihrer frühern Bewohner: Fischligen die Heimstätte des Fischli, Luchsingen das Heim des Luchs oder Lur, Wülflingen dasjenige des Wulf und so auch Böningen dasjenige des Böni und Zusingen dasjenige eines Zuso ober Susu⁹), Lassingen die Heimstätte eines Lasso (= der Lässige, Schwächliche) und Bänzingen diejenige des Benz.

Daß auch Nitfurn ebenso wie das entsprechende Obfurn deutschen Ursprungs ist, bedarf wohl keines Beweises, da nicht bloß die Vorsilben Nid und Ob gutdeutsch sind und überall wiederkehren, sondern auch Fuhr (Abhang) häufig zur Ortsbezeichnung verwendet wird (auf der Fuhr und ähnlich, so z. B. in dem benachbarten Mitlödi, aber auch auf Braunwald.)

Etwas weniger darf ich wohl bei dem Ortsnamen Sool zum voraus auf allgemeine Zustimmung hoffen, wenn ich auch diesen Namen für das deutsche Sprachgebiet in Anspruch nehme, indem den Bewohnern von Sool die Herleitung ihres Ortsnamens vom lateinischen Sol (= die Sonne) oder Sola (= die Einzige) wahrscheinlich besser zusagt, als die meinerseits zu gebende. So leid es mir aber thut, die so poetischen bisherigen Namendeutungen in Zweifel ziehen zu müssen, kann ich doch nicht anders. Fände sich der Name Sool nur hier, für das von der Sonne begünstigte Dorf oder die über demselben tronende Burg, so ließe sich ja vielleicht noch daran denken, daß ein romanischer Name vorläge. Wir finden aber denselben Namen teils für sich, teils in Zusammensetzungen und ebenso in der Verkleinerungsform Sööli viel häufiger als ich (und augenscheinlich auch andere, die sich mit glarnerischer Etymologie befaßten) früher annahm. So findet sich auch am Hirzli ein Sool[10]), ebenso oberhalb Mollis, d. h. gegen Kerenzen zu, und gleich unterhalb des letztgenannten Sool findet sich ein Sööli; die letztere Verkleinerungsform findet sich aber auch an den Ennetbergen und in der Nähe von Rüti; im Oberseethal, aber auch an den Aubergen ob Haslen und ebenso ob Luchsingen

---

⁹) S wird bekanntlich im Glarnerdeutsch öfters als Z ausgesprochen, z. B. Zophiä für Sophie.

[10]) Wenn auf Glarnerkarten am einen Ort Sool und Sööli, am andern Ort Sohl und Söhli geschrieben wird, ist das natürlich lediglich Sache der Willkür, da die Aussprache hier wie dort dieselbe ist.

findet sich ein Bärensol und auf dem Weg von Bet=
schwanden nach Braunwald kommen wir durch Zopfis=
Sool. Diese Zusammensetzungen, wie die Verkleinerungs=
form Sööli setzen es, wie ich glaube, außer Zweifel, daß
es sich nicht um ein romanisches Sol oder Sola handeln
kann, sondern um ein gutdeutsches Wort, dessen Bedeutung
noch allgemein verständlich war, als bereits „Zopfi" in
unserem Lande wohnten. Die Frage ist wohl nur die,
haben wir an das auch heute noch fortlebende Wort Sohle
(Fußsohle, Thalsohle) zu denken, in welchem Falle es von
ähnlicher Bedeutung wäre, wie das häufig vorkommende
„Boden" (Bärensol entspräche dann dem ebenfalls vor=
kommenden Bärenboden — einer an der Westseite des
Kammerstockes gelegenen kleinen und sehr steilen Alp —
und „Sööli" stünde dem ebenfalls öfters wiederkehrenden
„Bödeli" zur Seite; Zopfisool aber wäre ähnlich ent=
standen wie Rubisboden u. a.) oder haben wir an das
altdeutsche Sol=Lache zu denken. Namentlich für das in
unserm Kanton wenigstens drei Mal wiederkehrende
Bärensol wäre diese Bedeutung sehr zutreffend, indem es
die Kotlache bedeutete, in welcher zur Sommerzeit Bären
sich zu ihrer Abkühlung zu wälzen pflegten. Etwas weniger
nahe läge bei der Ableitung von Sol=Lache die Erklärung
bei Zopfisool; auch dürften poetisch angehauchte Bürger
von Sool es doch zu trivial finden, den Namen ihres
lieblichen Heimatdorfes statt von der hohen Sonne von
einer niedrigen Kotlache, in der das Wild sich badet,
herzuleiten; dagegen wird von Ortskundigen behauptet,
daß die Bodenformation, eine bei Untersool noch befind=
liche Lache diese Namensdeutung bestätige.

Daß auch Namen wie Blanken, Eck und Ennetecken,
Au, Ennetau und Plattenau, Matt, Bühl, Stalden,
Hostet und Höstetli, Rietberg, Mettlen (in der Mitte),
Heimkuhweid, Rindschluchen, Stierenweg, Katzenritt und
Schmalritt, Märeblanke, Mäßblanke, Stotzig=Berg und
Füblä=Wald, Schwarzenbach und Gelbenberg, b'Ruchi
(auf der Niedernalp gegen den Kärpfstock hin) Griggelä=

wälbli und Wurzenwäldli, Trogen (bei Schwändi) und Trogseiten (auf dem gegenüberliegenden Sool), Heimli und Hellwald, Breiten und Breitenwäldli, ebenso wie Laui und Sallaui, Kletterschwändi und Dorenböbeli deutschen Ursprungs sind, liegt auf der Hand, nicht zu reden von Eigentumsbezeichnungen wie Tschubiwald, Wichserwald, Hüsliberg (die Hösli hießen früher Hüsli, s. hist. Jahrbuch XV) ꝛc.

Fassen wir bisher Gesagtes zusammen, so ist deutlich, daß weitaus die meisten Ansiedelungen auf dem Gebiete der Kirchgemeinde Schwanden ihren Namen den Alamannen verdanken, jenem Volksstamme also, der schon im dritten Jahrhundert seine Vorstöße über den Rhein machte, vollends dann aber im 4. und 5. Jahrhundert, als das große Römerreich sich nicht mehr mächtig genug zeigte zum Schutze seiner so weit ausgedehnten Grenzen, dauernd diesseits des Rheines Niederlassung nahm, um zunächst in der nördlichen Schweiz sich festzusetzen und von da aus dann allmälig auch in unsere Alpenthäler vorzudringen. Dagegen fragt es sich doch, ob nicht schon vor den Alamannen auch die hiesige Gegend irgendwie bewohnt war.

Aus der Schweizergeschichte ist ja dem fr. Leser wohl bekannt, daß die Alamannen bei ihrem Einzug in die schweizerischen Gaue hier keineswegs ein bisher unbewohntes Land vorgefunden haben, sondern namentlich in den ebenern Gegenden der Schweiz ein Land bezogen, welches zum Teil sogar sehr gut besetzt war und bereits eine reiche Kultur aufzuweisen hatte. Wir erinnern an das, was uns von Vindonissa erzählt wird, der Römerstadt am Zusammenfluß der Aare, Reuß und Limmat; und noch glänzender muß Aventikum, das heutige Avenches, zur Römerzeit geblüht haben — eine Stadt von 50,000 Einwohnern, mit Tempeln und reichen Palästen, Theatern und römischen Bädern. Nun, Theater und römische Bäder waren ohne Zweifel im Thale der Linth damals noch keine, wie wir auch die römische Villa im Britterwald einstweilen in das Reich der Mythen versetzen. Wohl aber müssen zu eben jener Zeit, d. h. zur Zeit, da die Römer Helvetien beherrschten, auch unsere Alpentäler schon ihre Bewohner, wohl vor allem Hirten und Jäger, gehabt haben. Man hat das zwar bestritten und auch heute noch finden sich Gelehrte, die es in Abrede stellen.

Doch sind die Zeugen für eine voralamannische Bevölkerung in den Alpenthälern zu zahlreich, als daß wir ihnen Aug und Ohr verschließen dürften, und gerade für den Kanton Glarus sind die Gründe für eine voralamannische, römische oder romanische Bevölkerung so schwerwiegend, daß unseres Erachtens eigentlich kein Zweifel darüber bestehen sollte[11]). Schon die Letzimauer bei Näfels und die in deren Nähe gefundenen römischen Münzen und sonstige archäologische Funde legen dafür ein gewichtiges Zeugnis ab. Aber auch die Sprachforschung, d. h. die in unserem Kanton vorkommenden Ortsnamen bezeugen das Dasein einer voralamannischen Bevölkerung. Wenn uns das aber für den ganzen Kanton feststeht[12]), so fragt es sich immerhin, ob diese allgemeine Bemerkung auch für das spezielle Gebiet von Schwanden zutrifft, und dabei ist vor allem zuzugeben, daß uns hier in der That weniger romanische Namen begegnen als z. B. im Unterland, wo schon die Hauptortschaften Urnen, Näfels, Mollis ein romanisches Gepräge zeigen, oder in dem mit dem bündnerischen Oberland näher verbundenen Sernfthal. Immer-

---

[11]) J. Heierli, Archäologische Funde im Kt. Glarus, historisches Jahrb. XXVIII, 1-14; Joh. Heinr. Heer, Keltische Spuren in Orts-, Berg- und Flußnamen des Kant. Glarus, histor. Jahrbuch IX, 49 ff vrgl G. Heer, die Zürcher-Heiligen Felix und Regula, pag. 35 ff

[12]) Auch die physiologischen Merkmale unserer Thalbevölkerung werden wohl mit Recht als Beweis dafür angerufen, daß sich neben germanischen (blaue Augen, blonde Haare) auch romanische Elemente (dunkle Haare, schwarze Augen) erhalten finden. So ist mir erzählt worden, daß der auf dem Gebiete der Anthropologie wohl bewanderte Professor Virchow durch den ausgeprägt romanischen Schädelbau verschiedener Glarner überrascht wurde.

hin finden sich auch auf hiesigem Gebiete einige sprachliche Ueberreste romanischer Herkunft. So dürfte der Name Guppen unbedingt romanischen Ursprungs sein, herzuleiten aus dem auch im heutigen Romanischen des bündnerischen Oberlandes vorkommenden kupp oder kopp, koppo = Napf, Schüssel, eine Bezeichnung, die für jeden, der schon den Weg von Oberblegi nach Guppen gemacht hat, selbstredend ist. Ebenso dürfte der Name des oberhalb Leuggelen befindlichen Grappli auf das romanische crapp (Stein) zurückzuführen sei. Auch Guflen, das wie am Walensee und im Sernfthal, so auch oberhalb Nitfurn uns begegnet, soll im heutigen Romanischen sich noch vorfinden (cuvel = Höhle). Romanischen Ursprungs ist auch die im Kt. Glarus häufig vorkommende, auch im Gebiet von Schwanden[13]) sich wiederholende Bezeichnung Tschingel (cingulum = Felsband). Dürfte das Wort Tschingel als Appelativum in unser ältestes Glarnerdeutsch übergegangen sein, so auch das Wort Rufi (rovina), das sich in allen Landesteilen und bekanntlich auch in der Nähe von Schwanden wiederholt.

In einer später, Kap. IV, zu besprechenden Urkunde von 1350 findet sich auch der Ortsname Rongellen und dürfte auch dieses Wort aus dem Romanischen herzuleiten sein, worauf schon sein Vorkommen in rein romanischem Gebiet (z. B. in der Nähe der via mala) hinweist. Götzinger, der auch ein Rungälle bei Feldkirch zur Vergleichung beizieht, leitet es von runcus = Reute ab. Ich halte es für möglich, daß auch Leuggelen, für das ich im Deutschen keine Wurzel finden kann, romanischen Ursprungs ist. Darauf führt mich nicht bloß die Aehnlichkeit der Endung mit dem eben zitirten Rongellen, sondern anderseits auch die Gruppe der von Locus herstammenden Ortsnamen, wie sie sich bei Götzinger (Romanische Namen ꝛc.) zusammengestellt finden; derselbe führt als Derivata von Locus auf: Logs (Logsbach und Logs-

---

[13]) Tschingel, Oeritschingel (Urkunde von 1370) u. Schwarztschingel.

wald), Lugg, (Luggeboden, Luggezun, Lugner) und Leug. Das sehr schön gelegene Leuggelen, das zunächst dem dort vorbeifließenden Bach und durch diesen dann auch dem weiter unten, im Thal, entstehenden Dorf zu seinem Namen verholfen, wäre damit wohl bezeichnet worden als ein anmutiges Plätzchen, als das es auch uns noch erscheint.

Tüchtige Kenner des Romanischen dürften vielleicht auch noch aus ein paar andern Oertlichkeitsnamen romanische Laute heraushören[14]); für unserein ist es dagegen geraten, sich nicht zu weit auf die Aeste hinauszuwagen und lassen wir uns deshalb an dem Vorgebrachten genügen. Ueberblicken wir nur rasch nochmals die besprochenen Namen, so dürfte auffallen, daß es sich bei den romanischen oder ans Romanische anklingenden Namen fast ausschließlich um Oertlichkeiten handelt, die nicht im Thale liegen. Der Schluß aber, den wir aus unserer ganzen etymologischen Untersuchung ziehen, geht dahin: Schon vor der Einwanderung der Alamannen haben sich einzelne Niederlassungen von Hirten und Jägern auf dem Gebiete von Schwanden vorgefunden[15]); die Hauptarbeit der Urbarisirung der Gegend aber blieb den Alamannen vorbehalten, als deren Abkömmlinge darum auch die heutigen Bürger von Schwanden in Hauptsache anzusehen sind[16]).

2. Schwanden um's Jahr 1302.

Aus der glarnerischen Geschichte ist männiglich bekannt, daß einst, b. h. soweit überhaupt Urkunden über den Zustand unseres Landes zurückreichen und bis 1386 resp. 1395 (dem Jahre des Loskaufs) das Land Glarus mit Grund und Grat — im Thal wie auf den Bergen —

---

[14]) Ich werde aus diesem Grunde z. B. auch auf die Namen Bunigel (Niedernalp) und Geitschun (Seck. Urbar) aufmerksam gemacht.

[15]) Vor kurzem wurde bei einem Häuserbau in Schwanden auch eine römische Münze gefunden — auch eine kleine Unterstützung für obige These.

[16]) vrgl. immerhin obige Anmerkung 12.

dem Kloster Seckingen zugehörte und darum alljährlich diesem Damenstift am Rhein seine bestimmten, sich **gleichbleibenden** Abgaben — vor allem in Naturalien bestehend, da baares Geld damals noch wenig zirkulirte — zu entrichten hatte. Den Einzug dieser Abgaben besorgten bekanntlich seit 1288 die Herzoge von Oestreich, die sich von der Aebtissin von Seckingen mit dem Meieramte hatten belehnen lassen und in deren Hand dann auch ein Teil dieser Abgaben als Entschädigung für ihre Bemühungen zurückblieb. Dieselben Herzoge von Oestreich besaßen aber, wie aus der Glarnergeschichte allen bekannt ist, auch die Vogtei über das Land Glarus und kam ihnen deshalb das Anrecht auf die in ihrem Betrage **wechselnden Landes-** oder **Territorialsteuern** zu. Ueber die unter diesen beiden Titeln den Herzögen von Oestreich aus dem Lande Glarus zufallenden Abgaben hatten ihre Sachverwalter zum Zwecke ihrer Abrechnung genaue Verzeichnisse zu führen, und es sind uns zwei solcher Verzeichnisse („Steuerrödel") auch noch erhalten geblieben, die uns über unsere ländlichen Verhältnisse und so auch über diejenigen von Schwanden aus dem Anfang des XIV. Jahrhunderts ein anschauliches und interessantes Bild geben.

Das eine dieser Verzeichnisse — das sog. östreichische oder habsburgische Urbarbuch, das gegenwärtig einer neuen bereinigten Ausgabe durch Hrn. Dr. Maag entgegengeht — umfaßt eine große Anzahl nunmehr schweizerischer, aber auch außerschweizerischer Gegenden und unter erstern auch das Land Glarus, verzeichnet dagegen nur diejenigen Einkünfte, welche den Herzögen von Oestreich Namens der von ihnen verwalteten Vogtei zukamen; das andere Aktenstück — das „Seckingerurbarium" — umfaßt lediglich das dem Kloster Seckingen grundherrlich verpflichtete Gebiet, das Land Glarus bis Mollis, Beglingen und Oberurnen, enthält aber für dieses Gebiet beiderlei Steuern: diejenigen Abgaben, welche die Herzöge von Oestreich kraft ihres Meieramtes einzuziehen hatten, wie diejenigen Einkünfte, auf welche sie kraft ihrer Vogtei über das Land oder „Amt Glarus" ihre Ansprüche erhoben.

Wenn wir zunächst diejenigen Einkünfte uns ansehen, auf welche die östreichischen Herzöge in Folge ihrer Vogtei über das Land Glarus ihre Ansprüche erhoben, so meldet darüber das östreichische Urbarium in Rücksicht auf das der heutigen Kirchgemeinde Schwanden zugehörige Gebiet[1]):

Der Tagwen[2]) der Leute zu Nesslowe hat gegeben innert zehn Jahren, in einem Jahr am meisten als Steuer („ze Stiure") 26 Pfund und 13 Schilling, am mindesten in einem andern Jahr 21 Pfund. Sie hand och gegeben in denselben 10 Jahren in einem Jahr „bi dem meisten ze Buoße" (als Buße) 30 Schilling[3]), bi dem minsten des andern Jahres ein Pfunt.

Der Tagwen der Leute ze Nitfure hat gegeben inrent 10 Jahren eines Jahres bi dem meisten als Steuer 61 Pfund und 7 Schilling, bi dem minsten des andern Jahres 25 Pfund. Sie hant ouch gegeben, in denselben 10 Jahren zuo Buoße, in einem Jahr bi dem meisten 5 Pfund, bi dem minsten ein Pfund.

Der Tagwen der Leute zu Obfure hat gegeben inrent 10 Jahren als Steuer eines Jahres bi dem meisten 38 Pfund und 13 Schilling, bi dem minsten 25 Pfund. Sie hant ouch gegeben in denselben 10 Jahren als Buße eines Jahrs bi dem meisten 8 Pfund, bi dem minsten 3 Schilling.

---

[1]) Mit Rücksicht auf Leser, welche das Deutsch des 14. Jahrhunderts etwas fremd anmutet, erlaube ich mir den Text beider Urbare etwas zu modernisieren. Wer den unverfälschten Text derselben lesen will, der findet das seckingische Urbarium im glarner. Urkundenbuch I, pag. 92 ff., das östreichische Urbarium ebendort I, pag. 118 ff.

[2]) Es erhellt daraus, daß das Land Glarus schon damals wie heute in Tagwen eingeteilt war. Nur war die Zahl und Abgrenzung der Tagwen eine etwas andere als heute. Rüti z. B. bildete mit Ennetlinth einen Tagwen („Niederlinthal"), Glarus war noch in Ober- und Niederdorf geteilt und Riedern und Sorgenberg bildeten ebenfalls eigene Tagwen.

[3]) Ein Pfund = 20 Schilling.

Der Tagwen der Leute zu Swanden hat gegeben inrent 10 Jahren als Steuer bi dem meisten 60 Pfund, bi dem minsten 39 Pfund. Sie hant ouch in benselben 10 Jahren ze Buoße nit mehr gegeben denn 4 Pfund.

Der Tagwen Ober=Mitlebin hat gegeben inrent 10 Jahren als Steuer bi dem meisten 46 Pfund 13 Schilling, bi dem minsten 29 Pfund. Sie hant ouch gegeben in denselben zehn Jahren als Buoße bi dem meisten 27 Schilling, bi dem minsten ein Pfund.

Die Leute des Tagwens, der heißet Soler=Tagwen, hant gegeben als Steuer inrent 10 Jahren bi dem meisten 38 Pfund, bi dem minsten 20 Pfund und 10 Schilling. Sie hant ouch gegeben in denselben 10 Jahren als Buoße bi dem meisten zwei Pfund und 3 Schilling, bi dem minsten 3 Schilling.

Dieser Zusammenstellung des östreichischen Urbariums entsprechend, meldet auch das Seckinger=Urbarium, daß innert 10 Jahren im Mittel gegeben der Tagwen

Neßlau	als Steuer	23½	℔ u.	als Buße	1½	℔	Heller,
Nitfurn	„ „	43	„ „	„	3	„	„
Obfurn	„ „	31½	„ „	„	5	„	„
Schwanden	„ „	50	„ „	„	4	„	„
Sool	„ „	30	„ „	„	1	„	„
Obermitlödi	„ „	38	„ „	„	1½	„	„

Alle sechs Tagwen zusammen hätten demnach jährlich zirka 216 Pfund als Steuer und 16 Pfund als Buße bezahlt. Dabei reichte der erstangeführte Tagwen, Neßlau, wohl über die Grenzen der heutigen Kirchgemeinde Schwanden hinaus, indem er außer dem heutigen „Leu" (dem Erben des im Laufe der Jahrhunderte allerdings sehr abgeschliffenen Namens Neßlowe) nicht bloß Haslen, sondern jedenfalls auch Hätzingen, wahrscheinlich aber auch Diesbach und Betschwanden mit umfaßte; dabei dürften immerhin damals die schönen, gegen Linthüberschwemmungen geschützten Güter des Leu und von Haslen den Kern dieses Tagwens gebildet haben, dessen Zentrum erst später bei veränderten Lebensbedingungen nach Hätzingen und Diesbach verlegt wurde. Anderseits dürfte aber der in obigem nicht aufgezählte Tagwen Luchsingen auch Leuggelbach, also Gebietsteile der heutigen Kirchgemeinde Schwanden, mitumfaßt haben, da sich dadurch wohl am besten erklärt, daß der Tagwen Luchsingen als einer der reichsten der damaligen Tagwen (Steuererträgnis im Maximum 62 Pfund) erscheint.

Ober-Mitlödi hinwiederum haben wir in Obigem auch mit aufgezählt, weil wohl außer Zweifel steht, daß damit das heutige Schwändi bezeichnet ist. Allerdings begegnet uns im Seckinger-Urbar der Ortsname Schwendi (Ober- und Niederschwendi) bereits mehrfach, aber augenscheinlich noch in engerer Umgrenzung als heute, als Bezeichnung zweier Wechtage, während der Tagwen Ober-Mitlödi, der außer Ober- und Niederschwendi auch noch andere Oertlichkeiten, wie Trogen, Mettlen, Lassingen u. a. mitumfaßte, ungefähr dem heutigen Schwändi entspricht.

Was endlich das heute verschwundene Obfurn betrifft, so dürfte dasselbe sich nördlich oder genauer nordwestlich von Nitfurn, zwischen diesem und dem Thon, befunden haben, wie ich bereits im historischen Jahrbuch von 1892 unter Hinweis auf die nördlich von Nitfurn weit ins Thal vorspringende Fuhr ausführte. Es sind mir zwar gegen diese Ortsbestimmung von zwei Seiten Einwendungen gemacht worden. Herr Dr. K. glaubte Obfurn mit dem unter den Tagwen des Großthals nicht aufgezählten Leuggelbach identifiziren zu dürfen, während der inzwischen verstorbene Herr Nationalrat Dr. Tschudi Obfurn in der Gegend des heutigen Alprufi gefunden haben wollte. „Außerhalb des Hirschen in Nitfurn", schrieb mir derselbe, „wo unter der Landstraße noch ein hölzernes Haus steht, ist die tiefe Furche, durch welche offenbar vor Jahrtausenden der Nitfurnerbach lief. Dieses war offenbar die Grenze zwischen Nitfurn und Obfurn. Jetzt zwar hat sich der Name Obfurn verloren, dafür ist aber derjenige Alprufi und Lochergut entstanden. Alprufi steht jetzt zu Nitfurn wie Thon zu Schwanden und Ennetbühls zu Ennenda. Es hatte früher besondere Rechte und eine eigene Geißhirte. Mein Vater hatte vor ca. 70 Jahren einen Knecht von Alprufi, Frid. Luchsinger, der viel von ihren besondern Rechten und Ansprüchen zu erzählen wußte." So sehr ich sonst die so eingehenden Lokalkenntnisse, die Hr. Dr. Tschudi sel. vor allem als Augenscheingerichts-präsident sich erworben und bethätigt hat, hochschätze, glaube ich dennoch, sowohl ihm als Hrn. Dr. K. gegenüber auf meiner Ansicht beharren zu sollen. Wenn beide Obsurn südlich von Nitfurn suchen, so spricht dagegen schon die gleich vorhin mitgeteilte Aufzählung unserer Tagwen im östreichischen Urbarium, indem auf das gegenüberliegende Neßlau die Tagwen Luchsingen, Nitfurn, Obsurn und Schwanden sich folgen, was um so mehr ins Gewicht fällt, als die Analogie zu den vorausgehenden Ober- und Niederlinthal eher darauf geführt hätte, Obsuren ebenfalls vor Nitfuren aufzuzählen. Und noch mehr beweist das Seckinger Urbarium, das die Tagwen alle nach ihrer geographischen Reihenfolge aufzählt (was beim östreichischen in der That nicht der Fall ist), dabei aber auf Luchsingen zunächst das gegenüberliegende Neßlau und dann Nitfurn, Obsurn, Schwanden, Sool, Ober- und Niedermitlödi sich folgen läßt. Und als Dritten im Bunde nenne ich hier schon eine Urkunde vom Februar 1350, welche die unterhalb Luchsingen befindlichen Ortschaften der neugegründeten Kirchgemeinde Schwanden in folgender Reihenfolge aufführt: Steiningen, Leuggelbach, Bönigen, Nitfurn, Obsurn, Thon. Durch diese Aufzählung ist jedenfalls eine Identifizirung von Obsurn mit Leuggelbach gänzlich ausgeschlossen, aber auch die Lage am Weg von Nitfurn nach dem Thon, wie mir scheint, angezeigt[1]).

---

[1]) Wenn die für die Seckinger Zeit angezeigte Ortschaft Obsurn, wie wir annehmen, thatsächlich verschwunden ist, so ist es auch erklärt, daß der Name Obsurn in Vergessenheit geraten konnte; würde dagegen der einst als Obsurn bestehende Weiler noch fortexistiren, so wäre kaum ein Grund abzusehen, weshalb derselbe seinen Namen vertauscht hätte, (um nun „Alprufi" zu heißen) um so weniger, als der Name Nitfurn immer an ein Obsurn erinnert hätte.

Was die Steuererträgnisse der einzelnen Tagwen betrifft, nimmt uns nicht wunder, daß in jenen Zeiten, in denen der Bodenbesitz in Rücksicht auf Vermögen das ausschlaggebende Moment bildete, die Tagwenleute von Nitfurn zu den wohlhabendsten gehörten; mehr nimmt uns wunder, daß hier zwischen dem Steuermaximum (61 Pfund) und dem Steuerminimum (25 Pfund) sich ein so großer Abstand zeigte, und daß das gegenüberliegende Neßlau, zumal, wenn es auch wirklich Hätzingen und Diesbach mit umfaßte, soweit hinter Luchsingen und Nitfurn zurückstand. Einen vollgültigen Erklärungsgrund kann ich nicht finden; möglich, daß in jenen Jahren böse Runsüberschwemmungen für die Gegend von Nitfurn momentan und für Neßlau für längere Zeit die Steuerkraft schwächten. Daß auch Schwanden zu den wohlhabendsten und deshalb an die Vogtssteuer am meisten beitragenden Tagwen gehörte, hatte es wohl vor allem den schönen Heimwesen im Thon zu verdanken.

Und nun gehen wir über zu denjenigen Steuern, welche der Aebtissin als **Grundzinse** zu entrichten waren. Das Seck. Urbar. lehrt uns dreierlei Arten von zinspflichtigen Grundstücken kennen: Einmal die **Huben**, eine Bezeichnung, die damals überall in deutschen Gauen sich wiederfindet und die bekanntlich auch heute bei uns fortlebt, indem sie einerseits als Grenzbezeichnung für die verschiedenen Tagwensgebiete gebräuchlich ist („in den Huben des Tagwens S."), anderseits einzelne Heimwesen, z. B. in Rüti, den Namen „Hube" forttragen. Was die vom Seck. Urbar. aufgeführten Huben betrifft, hatten dieselben, falls sie „volle" oder „ganze Huben" waren, zu entrichten: auf Mitte Mai zwei Schafe, auf „St. Moritzen=Dult" (Fest des h. Mauritius, 22. Sept.) zwanzig große Käse und auf St. Martin (11. Nov.) 60 Herbstkäsli und ein Rind, und überdies 5 Fastnachtshühner. Als eine solche volle und ganze Hube erscheinen auf dem Gebiete von Schwanden die Nitfurner Hube und die Ower=Hube; unter der letztern Bezeichnung haben wir nämlich ohne

Zweifel das schöne Gelände der Au hinter Schwanden zu verstehen. Nur als „Hubstück" wird aufgezählt ein Heimwesen von Obfurn und zwar scheint es sogar ein kleiner Teil einer Hube gewesen zu sein, indem lediglich ein Schaf auf Mitte Mai und drei Schafe auf den Herbst, sowie je das vierte Jahr[2] 2½ Schilling für die Aebtissin als Abgabe notirt sind, und das nämliche gilt von der Zuosinger Hube, welche nur eine Owe-Kuh zu entrichten hatte.

Neben den Huben finden sich im Seck. Urb. als zinspflichtige Grundstücke aber auch aufgeführt „Wechtage" und „Frischlinge", welche beiden Ausdrücke meines Wissens spezifische Glarnerbezeichnungen waren, deren Bedeutung kaum mit Sicherheit festgestellt werden kann; dagegen ist soviel deutlich, daß die Wechtage kleinere Bezirke Land bezeichneten, als die Huben, und die Frischlinge wohl in der Regel noch wieder kleinere, als die Wechtage. Ehe wir die von den einzelnen Wechtagen und Frischlingen zu leistenden Abgaben namentlich aufführen, sei nur zum voraus — um spätere Unterbrechungen zu vermeiden — noch ein mehrfach wiederkehrender Ausdruck erklärt. Unter den zu entrichtenden Schafen begegnen uns, wie in andern Landesteilen, so auch auf dem Gebiet von Schwanden sog. Selandsschafe, Schafe, die vom Seland zu entrichten waren. Da dürfen wir nun aber nicht etwa an Land denken, das in der Nähe eines See's (etwa des Oberblegi- oder Guppensee's) gelegen war, sondern dieses Seland, terra salica,[3] bedeutete Land, über welches der

---

[2] Hatten die Glarner dem Kloster Seckingen jährlich eine Herde Rinder und Schafe als Grundzins zu überbringen, so war die Aebtissin verpflichtet, je das vierte Jahr einmal nach Glarus zu kommen, um in eigener Person nach ihren Zinsleuten zu sehen und dies und das zu schlichten. Bei dieser Gelegenheit hatten dann die von Obfurn wohl als „Reisepfennig" der Aebtissin 2½ Schilling zu geben, während bei demselben Anlaß „Menis Büchel eine Burde Emde in die hinder Kammer" (für das fürstliche Nachtlager), der „Büchel bi dem Bach Spise-Holz" und „eine Hofstatt vor Kohlen-Hus ein Viertel Salz" gab

[3] „Sale = rechtliche Uebergabe, erbliches Herrengut", L. Tobler; vielleicht ist auch der Name des im Freiberg liegenden „Salengrates" von daher abzuleiten.

Grundherrschaft, also hier der Aebtissin von Seckingen und ihren Sachwaltern, das Verfügungsrecht vorbehalten war. Für weitaus das meiste Land fand sich die Bestimmung, daß nach des Vaters Tod es auf seine Hinterlassenen überging, und zwar ohne daß der Pacht- oder Lehenzins erhöht werden durfte, so daß also Verbesserungen, welche ein Bewerber an seinem Lande vornahm, ihm und seinen Nachkommen ungeschmälert zu gute kamen. Nicht so fand es sich dagegen mit dem Seland, das stets zu freier Verfügung der Grundherrin stand, das sie ihrem bisherigen Bewerber entziehen und andern übertragen konnte, zu den zwischen beiden Teilen zu vereinbarenden Bedingungen.

Und nun versuchen wir eine Zusammenstellung der Abgaben, welche die Wechtage und Frischlinge der Gemeinde Schwanden zu leisten hatten: Auf Mitte Mai bezahlen Schafgült die Wechtage von Zuosingen ein Schaf, von Denis (oder Oeris, das wie der Oeristschingel wohl den Auenbergen ob Haslen zugehörte) ein Schaf, Neßlowe ein Schaf, ab Hüßlis (Höslis) Hofstatt, wohl ebenfalls bei Haslen $^1/_2$ Schaf, der ußer Wächtag in dem Ton 1 Schaf, Niederschwendi 4 Schaf, Oberschwendi 4 Schaf, die vordern Schwenden 1 Schaf, die Matluwe 1 Schaf; der Wächtag von Tenniberg dem Dorf 1 Schaf, von Sool zwen Wechtag 2 Schaf. Ebenfalls auf Mitte Mai haben die Frischlinge von Schwanden und Nitsurn je ein Schaf zu entrichten. Nitsurn überdies noch ein Wittegöw Schaf, ein zweiter Frischling von Schwanden ein weiteres Schaf, der Frischling nidt dem Wäg ab oberen Dänniberg gibt ein Schaf, ab Geitschun (Geitschen, oberhalb Thon) ein Schaf; ab Schwendi aber kommen in demselben Namen je ein Rütischaf, ein Eggeschaf, ein Haltenschaf, ein Byfangschaf und ein Hallischaf; die Frischlinge von Trogen und Mettalen (Mettlen) bei Lassingen je ein Schaf, diejenigen aber von Neßlowe (Leu) 3 Schaf und noch ein Schlattschaf.

Zu unserer Frauen Geburtstag im Herbst kamen „ab Obveffis" (Feffis) 1 Schaf, von Ennet-Owen (der Au gegenüber, auf dem linken Sernfufer) 2 Schafe, von Nitfurn 2 Selandsschafe, von Loüthellen 3 Selandsschafe und von Neßlowe 4 Selandsschafe, 1 Schwendischaf und 1 Blattenschaf.

Auf St. Martinstag sodann haben durchschnittlich[*]) je 14—15 Herbstkäsli zu leisten die Wechtage der Mattlüth, von Oeris, der inner und der ußer Wechtag im Ton, der ober und der Nider-Tenniberg, und der „ze dem Dorf Tenniberg", der nieder und der ober Wechtag ab Schwändi. Auf denselben Tag haben die Wechtag von Schwanden uff (aufwärts) auch ein Stür-Rind zu geben. Ueberdies zahlen ein Geißhutt ze Fure und ebenso ein Geißhutt zu Schwanden je 2 Schilling.

Zählen wir zusammen, so ergäbe sich aus dem bisherigen, die Hühnergült nicht gerechnet, zum mindesten eine Gesammtabgabe von 4 Rindern, 57$^1/_2$ Schafen, vierzig großen und 230—40 kleinen (Herbst-)Käsen, sowie 4$^1/_2$ Schilling in baar — immerhin eine recht erkleckliche Summe. Wir haben indessen damit schwerlich die wirkliche Gesamtabgabe von Schwanden genannt, indem unter den vom Seckinger Urbar aufgeführten Posten sich eine Anzahl Oertlichkeiten finden, deren Lage wir heute nicht mehr bestimmen können und von denen noch wieder eine ziemliche Zahl ebenfalls im Umkreis von Schwanden gelegen haben dürften. So drängt sich mir, wenn ich die verschiedenen Listen vergleiche, die Vermutung auf, daß die Tuttinger-Hube, welche 2 Schafe, 16 große und 60 kleine Käse, sowie ein Rind (doch „ohne Stuckh") zu entrichten hatte und demnach eine Hube darstellte, welche „einen Presten" hatte [5]), ebenfalls auf dem Gebiete von Schwanden gelegen; darauf führen nicht bloß ihre Nachbarschaften, sondern auch die Bemerkung

---

[*]) 19 Wechtage leisten zusammen 276 kleine Käse.
[5]) Eine Hube ohne Presten leistet nicht 16, sondern 20 große Käse.

zu ihrer Schafgült: „die gonb ab der Alp ab Sole ab dem Bühl". Ob auch die Sepling-Hub, welche sich in der Nachbarschaft der Tuttinger Hube, und die Zupling-hub, die sich an die Ower- (Au-) Hub anschließt, ebenfalls auf Schwanderterritorium lagen, lassen wir dahin gestellt sein. Dagegen liegt es wieder nach der Reihenfolge, in der die Wechtage aufgezählt werden, sehr nahe [6]) daß die Halbere-, Muccis (oder Muttis-) und Dioplinger-Wechtage sich ebenfalls im Gebiet von Schwanden fanden. Und noch näher liegt das in Beziehung auf Himlers Hofstatt und Immestein's Hofstatt, die beide auch je ein Schaf leisten und als Frischlinge von Schwanden [7]) aufgeführt werden.

Aehnliche Vermutungen legen auch noch ein paar andere Wechtage und Frischlinge nahe; ich unterlasse es aber, Sie mit weitern Konjekturen zu behelligen. Dagegen zeigt das Vorgeführte immerhin, daß auf dem Gebiete der Gemeinde Schwanden bereits eine größere Anzahl von Weilern, kleinere Dörfchen sich fanden. So sind uns, wenn wir Vorausgehendes kurz zusammenfassen wollen, außer Neßlau und Zusingen, Ob- und Nitfurn, Loukhellen und Sool, auch ein äußeres und inneres Thon, ein oberes und niederes Schwändi, Trogen und Mettlen, ein Dorf zu Tenniberg nebst einem obern und niedern Tänniberg, die Au und Ennetau begegnet [8]). Größere Dörfer, als wie sie heute das Großthal aufweist, waren allerdings

---

[6]) Urkundensammlung I., pag. 97.

[7]) Urkundens. I., pag. 94. Dabei werden allerdings auch die Lutenberge ob Luchsingen mit zu den Schwander-Frischlingen gerechnet, so daß die Möglichkeit nicht ausgeschlossen ist, daß auch Himlers und Immesteins Hosteten außerhalb des Gebietes der jetzigen Kirchgemeinde Schwanden lagen.

[8]) Während die obgenannten Orte zum Teil mehrfach aufgezählt werden, fehlt Haslen ganz. Es fällt das auf. Da uns unter den 30 Glarnern, welche 1289 als Bürgen für die östreichischen Herzöge einzustehen hatten, auch ein „Herr Burchard von Hasle" aufgezählt wird, wäre wohl möglich, daß die Güter von Haslen damals diesem Herrn (Ritter) Burkhard zugehörten und steuerfrei waren.

noch keine da, selbst Schwanden zählte wahrscheinlich noch wenige Häuser; dagegen hier 2,3, dort 4,5 Häuser und da und dort auch nur einzelnstehende Häuser, ähnlich etwa als wie wir's z. B. im obern Toggenburg treffen, hätten auch damals den Wanderer von den beiden Berggehängen des Großthals begrüßt*), und in diesen Hütten eine Bevölkerung, die trotz der Abgaben, welche sie an das Kloster Seckingen und die Herrschaft Oestreich zu leisten hat, sich freut, den von den Vätern angestammten Boden bebauen zu dürfen und durch regen Fleiß immer ertragfähiger zu machen, so daß er auch für eine wachsende Seelenzahl genügenden Raum bietet, und die einen regen Sinn für Freiheit sich bewahrt hat und daran auch den widerstrebenden Einflüssen der östreichischen Herzöge zum Trotze festhält.

3. Die Burgen um Schwanden.

Wir haben vorhin (Kap. 2) die Bemerkung gemacht, daß auch selbst Schwanden zur Zeit des Seckinger-Urbars noch kein größeres Dorf gewesen. Immerhin brachte es seine Lage am Zusammenfluß von Linth und Sernf — am Eingang in die beiden Täler — mit sich, daß Schwanden schon frühzeitig die übrigen Dörfer mit Ausnahme des Hauptortes an Bedeutung übertraf. So erscheint denn auch schon im genannten Urbarium Schwanden in gewissem Sinne als Vorort für einen weitern Kreis von Dörfern und Weilern, indem z. B. die Frischlinge bis Luchsingen (Lutenberg) und Hätzingen (Tam-

---

*) Mit Rücksicht auf die glarnerischen Ansiedelungen trifft also jedenfalls zu, was K. Dändliker in seiner „kleinen Geschichte der Schweiz" pag. 14 von den alamannischen Ansiedelungen bemerkt: „Sie siedelten sich durchaus in altgermanischer Weise an: die Verwandtschaften, Familien und die Einzelnen setzten sich, wo es ihnen gefiel, wo sie eine Quelle, ein Feld oder ein Wald lockte. Sie verschmähten es, nach römischer Art in Städten und zusammengebauten Häusern zu wohnen, sie liebten vielmehr offene Dörfer und Weiler, am meisten aber zerstreute Höfe, wo jeder seine Hütte mit einer Hofstatt und mit einem Zaun (Etter) umgab."

migen) oder gar bis zum Durnagel ¹) unter dem Titel: „Diß sindt die Frischling von Schwanden" aufgezählt werden. Ebenso werden für die Rindergült die Wechtage eingeteilt in solche „von Schwanden uf" (aufwärts) und solche „von Schwanden untz zu der Kilchen" (bis zur Kirche — selbstverständlich die von Glarus ²).

Von der Bedeutung, die Schwanden schon frühzeitig zukam, auch schon ehe es durch Erbauung eines eigenen Gotteshauses zum kirchlichen Mittelpunkt eines weitern Kreises geworden, reden uns auch noch vorhandene Zeugen aus vergangenen Jahrhunderten: die Ruinen zweier Burgen, die in der Nähe von Schwanden sich befunden haben. Wenigstens von den Bewohnern von Schwanden und seiner Umgebung sind ja doch wohl schon die Mehrern etwa an einem schönen Sommerabend zur Höhe von Bänzingen hinaufgestiegen und haben sich dann vielleicht auch von den Mauerresten, die sie dort fanden, und den Bäumen, welche diese Ueberreste vergangener Herrlichkeit umstehen, erzählen lassen von den Zeiten, da dort oben Ritter und Edelfräulein wohnten und von ihres Schlosses Zinnen herabschauten auf das Gelände zu ihren Füßen, ausspähten nach freundlichem Besuch, der sich ihrer Burg nahte, oder nach feindlichen Gestalten, gegen welche man Schwert und Schild zu ergreifen hatte. Und ebenso haben auch diejenigen, die noch nie selbst hinaufgestiegen sein sollten, doch wenigstens erzählen gehört von dem Burghügel von Sool und von der Burg, die dort gestanden, über deren Pforten als Wappen ein Tor mit der Sonne erglänzte. Aber auch noch eine dritte Burg soll einst in der Nähe von Schwanden sich befunden haben, auf den Höhen des sonnigen Schwändi — ob auch kein Ueberrestchen mehr von ihrem einstigen Sein uns erzählt, „ihre Stätte sie nicht mehr kennet."

---

¹) Urkundensf. I., pag. 95.
²) Urkundensf. I., pag. 98.

Im dritten Band der von Professor J. J. Hottinger in Zürich bevorworteten, von dem bekannten schwäbischen Dichter Professor Gustav Schwab in Stuttgart herausgegebenen „Schweiz in ihren Ritterburgen und Bergschlössern" gibt uns Pfr. Sam. Heer ein anschauliches Bild sowohl von dem damaligen Zustande der Burgen von Sool und Schwanden, als auch von dem, was frühere Geschlechter von den drei Burgen sich erzählten, und ich überlasse ihm deshalb gerne einige Augenblicke das Wort, um dann nachher meinerseits meine kritischen Bemerkungen daran anzuschließen.

„Eine Stunde südlich von Glarus, an der Landstraße, die sich von da nach Schwanden zieht, wenige Minuten nördlich von diesem Orte, erhebt sich eine Anhöhe, an deren östlichem Fuße die Linth vorüberwallt. Da trauern, von hohen Linden umschattet, seit Jahrhunderten die Ruinen dieser Burg, bestehend in dem unteren Theile eines Thurmes, dessen Cement dem nagenden Zahn der Zeit bis jetzt widerstanden hat, der aber doch seiner gänzlichen Zertrümmerung immer näher zu kommen scheint; indem nur erst vor wenig Jahren ein beträchtliches Stück des Mauerwerks herabgestürzt ist. Die Aussicht, wenn man aus den Bäumen hervortritt, ist sehr anmuthig. Unter sich hat man die Linth, die schon vereinigt mit dem Sernft, genährt vom Schnee des Hochgebirgs, besonders an heißen Sommertagen, wild daherrauscht. Dann erblickt man nahe vor sich den volkreichen Flecken Schwanden, von fruchtbaren Wiesen umgeben; weiter in östlicher Richtung die Vereinigung der Linth und des Sernfts, welche eine Strecke weit in gerade entgegengesetzter Richtung fließen, jene gegen Osten, dieser gegen Westen, bis sie sich vermählend gegen Norden ziehen. Im Süden schließt das herrliche Landschaftsbild der majestätische Tödi, der sein breites Haupt bei elftausend Fuß über das Mittelmeer in die Region der Gletscher erhebt. Seine höchste Pracht zeigt er bei heiterm Himmel, in der Morgen- und Abendbeleuchtung, wo er, indeß

alles ringsumher im Schatten ruht, weithin sein Rosen=
licht sendet."

„Eine starke Viertelstunde von Benzigen, in nordöst=
licher Richtung, dem Pfarrdorf Mitlödi gegenüber, krönte
Sola einen malerischen Hügel von konischer Gestalt, an
den Fuß des Soolstockes und Fessisberges gelehnt. Die
Steintrümmer dieser Burg sind gänzlich verschwunden,
wahrscheinlich von den anwohnenden Landleuten des Dorfes
Sool zu ihren Gebäuden verwendet; der Burggraben aber
auf der Ost= und Südseite ist noch deutlich sichtbar. Wer
sich die Mühe nicht reuen läßt, den jetzt bewaldeten Gipfel
dieses Hügels, den das Landvolk umher noch immer den
Schloßhügel nennt, zu ersteigen, wird reichlich durch die
Aussicht entschädigt. Man erblickt da das Thalgelände
der Linth, von Schwanden bis Netstal hinab, die Kluft,
die nach dem Klönthal führt, und die ganze Kette der
Gebirge vom Tödi bis zu den schroffen Wänden des
Wiggis. Unfern gegen Sool hin zeigt sich eine ungeheure
Menge wild übereinander geworfener, großer Blöcke von
rotem Thonstein, augenscheinlich Reste eines gewaltigen
Bergsturzes, den aber keine Feder verzeichnet, der viel=
leicht in einer Zeit stattgefunden, wo kein menschliches
Ohr seine Donner vernahm. Gerade gegenüber, in impo=
santer Nähe, ragt der mittlere Glärnisch empor, zwischen
dessen Zacken ein prachtvoller Gletscher ins Thal herab=
glänzt."

„Nicht mehr genau auszumitteln ist die Stelle der
Burg Schwende, so viel aber gewiß, daß sie auf der
Anhöhe gestanden, wo jetzt das volkreiche, aber zerstreute
Dorf gleichen Namens gefunden wird."

„Jede dieser Burgen stand so, daß von den Zinnen
derselben die Zinnen der beiden andern gesehen und tags
und nachts Signale gegeben werden konnten. Alle drei
zusammen verschlossen die hintern Gegenden des Glarner=
thales, so daß es nicht leicht sein mochte, unbemerkt
durchzukommen. Benzigen, als der Mittelpunkt, war
mutmaßlich an Gebäuden das stärkste. Sola fester durch

seine Lage, doch mußte es an eigenem Wasser fehlen, indem in der Gegend derselben keines zu finden ist. Schwende konnte von Benzingen aus schneller und leichter Hülfe geleistet werden. Im 13. Jahrhundert besaß diese Burg, als Säckingisches Lehen, die Familie der Freiherren von Schwanden, ein wahrhaft ehrwürdiges Geschlecht, von dem man nur rühmliches weiß. Als Adolf von Nassau die deutsche Königskrone trug, lebte Hr. Burkard, der Sohn Heinrichs, auf diesem Sitz seiner Väter, ein milder Herr, ein biederer und tapferer Mann. Getreu dem Volk, dessen uralte Freiheiten er liebte, und getreu dem König und dem Reiche, hielt er zu Adolfen und wollte in die Unterdrückungspläne Albrechts nicht eingehen. Darum erschien dieser, als Adolf gefallen und der Freiherr seiner Uebermacht preisgegeben war, zürnend im Jahr 1298 im Glarisland, eroberte und brach die Burgen Burkards, vertrieb ihn aus dem Lande, aller seiner Güter beraubt und zwang die Aebtissin von Seckingen, ihm dieselben zu Lehen zu geben. Da sah man, welche Liebe ein biederer und gerechter Herr erwirbt. Betrübnis und Mißvergnügen entstand bei dem Volke über das Schicksal Herrn Burkards; das Mißtrauen gegen den König mehrte sich und viele Männer aus den angesehensten Geschlechtern des Landes, den Umsturz der Freiheit befürchtend, flohen in die Thäler von Uri und Schwyz, andere aber nach Zürich. Noch im Jahr 1350 war dieses Verfahren gegen Hrn. Burkard einer der Klagepunkte wider Oestreich. Er selbst zeigte indessen, was ein Mann von Geist und Mut auch im Unglück vermag. Arm und vertrieben aus dem heimischen Thal, trat er in den Johanniterorden, schwang sich in kurzer Zeit zum Comthur in Klingnau, dann zu Buchsee im Aargau und endlich zum obersten Meister des Ordens, in deutschen Landen, diesseits des Rheins empor. Als der Orden 1309 Rhodus eroberte, focht auch Herr Burkard ritterlich daselbst unter des Hrn. Villaret auserlesener Schar. Mit ihm ist seines Geschlechtes Schild und Helm begraben worden."

„Diese Familie gab der Abtei Einsiedeln drei Vorsteher. Der erste war Anselm, Großoheim Burkards, der zweite Peter, Oheim desselben, und der dritte Johann, sein Bruder. Anselm regierte von 1234 bis 1267, baute die Burg zu Pfäffikon am Zürichsee und den Einsiedlerhof zu Zürich. Er soll ein großmütiger und gelehrter Mann gewesen sein und strenge Klosterzucht geliebt haben; von Papst Innozenz IV erhielt er den bischöflichen Ring. Peter ward 1277 zum Abt gewählt und den 5. August 1280 in der Frauenkapelle zu Zug vom einschlagenden Blitz erstickt. Johann gelangte 1298 zu dieser Würde und bekleidete dieselbe bis in das Jahr 1326. Er war auch Vormünder der Abtei Engelberg in Unterwalden."

„Auf der Burg Schwende hatte Burkard einen Lehenmann Namens Berchtold Schwende von Zürich. Weil er gemäß seiner Lehenspflicht mit Hrn. Burkard hielt, traf auch ihn König Albrechts Zorn; er ward in den Fall seines Herrn verwickelt und mit demselben vertrieben. Ob auch diese Burg schon damals abgebrochen worden oder erst später verfallen, läßt sich nicht ganz zuverlässig bestimmen, die Geschichtsschreiber berichten das Erstere."

Soweit Pfr. Sam. Heer. Noch weiter hat dann der Dichter Reithard das Leben und Treiben auf Schloß Benzingen ausgemalt, hat er doch sogar „den Geißer von Oberblegi" in einer Weise, die dem Sinn und Geist dieser Sage durchaus fremd war, noch in die Geschichte der Freiherrn von Bänzigen mit verflochten.

Seither — d. h. seit Pfr. Sam. Heer die eben mitgeteilte Schilderung der Burg Bänzingen und ihrer Freiherren niederschrieb — sind nicht blos von den 1839 noch vorhandenen Mauern weitere Steine, den zerstörenden Einflüssen der Witterung erliegend, heruntergestürzt, andere vielleicht auch von Menschenhand weggeholt worden, nicht geringere Abbrüche hat auch das erfahren, was S. Heer und später auch noch Blumer im Gemälde des Kts. Glarus von den Freiherren von Schwanden erzählte.

Was uns von den Aebten aus dem Geschlechte derer von Schwanden und vor allem von der tapfern Reckengestalt des Ritters Burkard erzählt worden, stützte sich auf die Mitteilung des Chronisten Aegidius Tschudi, der in seinem Chronikon Helveticum den durch seine Weisheit, wie Tapferkeit ausgezeichneten Johanniter=Ordensmeister einen Fryen von Schwanden uß Glarus nennt und uns erzählt, wie nach König Adolfs Tod Albrecht ihm „sine Vestinen Schwanden und Sola in Glarus zerstört, ouch sinem Lechenmann Berchtolt Schwende von Zürich, Edelknecht, sin Burg Schwende in Glarus zerbrochen, darumb, daß er sins Lechen=Herrn, Herr Burchards, uß Lechenspflichte Mitraiser zu Künig Adolfs Dienst gewesen." Er kommt aber damit entschieden in Widerspruch mit den Angaben des von ihm uns übermittelten und für die Geschichte des Landes Glarus so wertvollen Seckinger Urbars. Das fühlte schon Dr. J. J. Blumer, der im Gemälde des Kts. Glarus pag. 269 auf einen Widerspruch aufmerksam machte, der sich zwischen Tschudis Erzählung und dem Bericht des Seck. Urbars findet; und wenn Blumer an seinem Teil, um Tschudi und die Tradition zu retten, diesen Widerspruch noch wieder zu vermitteln suchte, so müssen wir an unserm Teile bekennen, daß ihm dies nicht gelungen, daß vielmehr die beiden Berichte nicht bloß in dieser einen von Blumer aufgeworfenen Frage, sondern beinahe in allen Teilen mit einander im Widerspruch stehen. Das Seck. Urbar meldet uns nämlich in einem allerdings nach 1351 entstandenen, doch wahrscheinlich vor 1386 verfaßten[3]) Einschiebsel über „unsers Gottshuß Burgsäß in dem thall ze Glaruß:

„Die Burg ze Schwanden uff dem Tänniberg habent die Edlen Fryen von Schwanden von unserem Gottshuß ze (zu, als) Lehen gehabt. Als aber Herr Heinrich von

---

[3]) Schon die Widersprüche zwischen Tschudi's eigenen Ausführungen und dem Bericht des Seckinger=Urb. beweisen, wie ich glaube, daß dieses Einschiebsel nicht auch ein Falsifikat von Tschubis Hand ist.

Schwanden, der Letzte des Stammens abgangen, ist die Burg wider dem Gottshouß heimgefallen, und hernoch abgangen.

Die Burg uff Schwende, habendt die Schwendinen ze Lehen gehabt, und als Knächt Cunradt der Schwende uß dem Landt zoche, und unserem Gottshuß nit witter bienen wolt, ist die Burg wieder an unser Gottshuß ledig komen und nachwärtz uß Buwselige abgangen.

Die Burg uff Sole, so die Edlen Knächt von Sole ze Lehen gehabt, ist durch Absterben Knächt Curabts von Sole, des Letzten des Stamens wider an unser Gottshuß gfallen. Und hat man's lassen abgan."

Dies die Prosa des Seckinger-Urb. gegenüber der Poesie des Aegidius Tschudi. Wie schon angedeutet, hat bereits Blumer hervorgehoben, daß nach dem letztangeführten Bericht, mit Heinrich von Schwanden der Letzte seines Stammes zu Grabe gestiegen, während nach dem Bericht des Aegidius Tschudi und derer, die ihm bisher gefolgt, mit Burkhard von Schwanden, „des Geschlechtes Schild und Helm begraben worden." Sobald wir die beiden Berichte unbefangen uns ansehen, drängt sich uns auf, daß dieselben auch in Rücksicht auf das, was sie uns über das Ende der drei Burgen erzählen, nicht zusammenstimmen. Nach dem vorstehenden Bericht des Seck.-Urb. ist die Burg von Schwanden, wie diejenigen von Sool und Schwende [4]) einfach, weil nicht mehr benützt, in Verfall gekommen, während nach Tschudi's Bericht sie durch des bösen Albrechts Hand zerbrochen wurden, als Strafe dafür, daß Burkhard sich gegen seinen Herrn, den König Adolf, treu anhänglich erzeigt.

Ist aber so schon durch die Mitteilungen des Seckinger Urbariums die Ueberlieferung des Aegidius Tschudi in

---

[4]) Ob auch die Herkunft der Schwendiner von Zürich bloße Phantasie des Aegid. Tschudi war, durch die Namensgleichheit des zürcherischen und glarnerischen Schwende veranlaßt, müssen wir wohl dahingestellt sein lassen, ebenso wie wir nicht mehr erfragen können, weshalb Knecht Cunradt dem Kloster nicht mehr bienen wollte und darum aus dem Lande zog.

Rücksicht auf die Freiherrn von Schwanden sehr zweifelhaft geworden, so haben die seitherigen geschichtlichen Untersuchungen außer allen Zweifel gesetzt, daß die Stammburg der Einsiedler-Aebte Anselm, Peter und Johann von Schwanden, wie des um seiner Weisheit und Tapferkeit willen hochgepriesenen Burkhard von Schwanden, nicht über den Ufern der Linth gestanden, sondern im Kanton Bern. Dort, auf einer Burg Schwanden bei Frienisberg, war Burkhard als Sohn des Ritter Rudolf von Schwanden geboren, und ebendort begegnet er uns in noch vorhandenen Urkunden, indem er, 1270 von einem Kreuzzug heimgekehrt, der Deutschordens-Kommende Köniz den Zehnten in Sulgen, den er und seine Vorfahren vom Reiche zu Lehen hatten, zur Verteidigung des christlichen Glaubens vergabt und nach dem Tode seiner Gemahlin, einer Petriza von Oenz, mit seinen Söhnen Ulrich und Kuno in den deutschen Orden (nachher Johanniterorden) eintrat. So werden wir denn, ob auch ungerne, darauf verzichten müssen, den Comthur Burkhard von Schwanden, dessen Tapferkeit und Weisheit von verschiedenen Chroniken allerdings in hellen Tönen gepriesen wird, seinen Bruder Johannes, seinen Oheim Peter und seinen Großoheim Anselm, für das Land Glarus in Anspruch zu nehmen und damit verlieren denn auch die glänzenden Bilder von dem Leben und Treiben, das einst auf Burg Bänzingen gewaltet, von ihrer Farbenpracht. Denn, was wir an Stelle der uns durch die Kritik entrissenen Bilder zu setzen haben, sind nur wenige, dürftige Notizen.

In der bereits im Kapitel I erwähnten Urkunde von 1240 erscheint neben den Brüdern Friedrich und Rudolf von Näfels und Hermann und Rudolf von Glarus auch ein Heinrich von Schwanden, der, wie die Vorgenannten, als Ritter, miles, eingeführt wird. In einer weitern Urkunde, datirt vom 31. Juli 1274 (Urkundensammlg. I, pag. 66), deren Aechtheit aber sehr zweifelhaft ist, erscheint wiederum ein Henricus de Swanden, miles, vir nobilis, als Zeuge, wobei unentschieden bleibt, ob das noch der

1240 bereits erwähnte Heinrich von Schwanden ist oder dessen Sohn. Zwei Jahre später, 1276, verkauft sodann Ritter Heinrich von Schwanden seinen Zehnten im Sernfthal, jährlich 4 Mark Silber ertragend, den er von Ritter Diethelm dem Meier von Windeck und dieser wieder von dem Gotteshause Seckingen zu lehen hatte, für eine gewisse Summe Geldes, den Einwohnern des Sernfthales (Urkundensammlung I., pag. 70). Und wieder 13 Jahre später, 1289, wird uns neben „Herrn Ulrich von Netstal" „Herrn Burchard von Hasle" und einer Anzahl anderer Glarnerbürger auch Heinrich von Swanden als Bürge und Geisel zu Gunsten der östreichischen Herzöge gegenüber Rudolf dem Hofstetter in Walenstadt genannt, aber ohne daß er wie Ulrich von Netstal und Burkhard von Haslen als „Her" eingeführt wird. Dr. J. J. Blumer macht deshalb, indem er die Tschudischen Berichte über die Freiherren von Schwanden noch als richtig voraussetzt, zu dieser Urkunde (Urkundens. I., pag. 91) die wohlbegründete Bemerkung: „Wenn man die verschiedenen Urkunden, in denen die Edlen von Schwanden erwähnt werden, mit einander vergleicht, so kann man sich des Eindrucks kaum erwehren, daß dieses Geschlecht allmälig herunterkam." (Nur stund es nie so hoch, als Tschudi uns glauben machte und konnte deshalb auch nicht so sehr heruntersinken.)

Am 29. September 1350 — vierzig Jahre nach dem Tode des Ordensmeisters Burkhard von Schwanden — erscheint endlich neben Dietrich Zimmermann und Landolt Heßi ab Bönigen Heinricus de Swanden als Repräsentant der neugegründeten Kirche von Schwanden vor dem Dekan des Kapitels Zürich. Wahrscheinlich war er der letzte seines Stammes, nach dessen Abgang, wie der obzitirte Nachtrag zum Seckinger-Urbarium gemeldet, die Burg Schwanden wieder an das Gotteshaus heimgefallen und selbst auch „abgegangen." Ist der gedachte Nachtrag wirklich 1386 gemacht worden, dann wäre die Burg sehr rasch abgegangen und müßte wohl schon zu den Zeiten ihres letzten Insassen, wie diejenige von Schwende, ebenfalls „bumfällig" gewesen sein. Gerade großartig haben wir uns deshalb jedenfalls keine der drei Burgen vorzustellen und so auch das Leben und Treiben auf denselben kaum so glänzend zu denken, als der Dichter es uns vorgemalt hat. Für stolze Ritter war ohne Zweifel das Land Glarus nicht der richtige Ort. Dagegen drängt sich vielleicht doch noch die Frage auf, aus was für Gründen überhaupt zu Schwanden Burgen erbaut worden, ob zum Schutze gegen Feinde, die allfalls verheerend und plündernd ins Land gefallen und denen die drei Burgen dann den Weitermarsch verwehrt hätten[5]), oder um allfällig renitente oder rebellische Glarnerbauern zum Gehorsam zu treiben? Fast möchte ich letzteres vermuten, da sich's dann um so leichter erklären würde, daß im 14. Jahrhundert, als die starke Hand der Habsburger die Verwaltung des Meieramtes an sich gebracht, die Klosterfrauen von Seckingen es für überflüssig erachten konnten, weitere Kosten an die Instandhaltung dieser Burgen zu wagen.

4. Die Erbauung einer Kirche in Schwanden.

Bis zum Jahre 1273 bildete das ganze Land Glarus eine einzige Kirchgemeinde, indem die Kirche von Glarus sämtliche Einwohner von Elm und Linthal bis Mollis und Oberurnen ihre „Untertanen"[1]) nennen durfte — wohl ein deutlicher Beweis dafür, daß die Bevölkerung unseres Landes auch noch um die Mitte des 13. Jahrhunderts eine recht spärliche gewesen. Dagegen müssen dann in der zweiten Hälfte des 13. und der ersten Hälfte des 14. Jahrhunderts sowohl die Bevölkerung als deren Wohl-

---

[5]) Es läßt sich nicht leugnen, daß auch für diesen Zweck die Lage der Burgen aufs beste ausgewählt war; die Burg Sola hätte den Weg ins Sernstthal, Benzingen und Schwändi den Zug ins Großthal verwehrt.

[1]) Dies der damals gewöhnliche Titel für die Kirchgenossen einer Gemeinde (s. Urkundens. I, pag. 178.)

stand sich in bedeutendem Maße vermehrt haben. Beweis dafür ist, daß in der Zeit von 1273 bis 1350 zum mindesten vier neue Kirchen gegründet wurden, so daß die bisher einzige glarnerische Kirchgemeinde in fünf oder sechs[2] Kirchgemeinden sich auflöste. Zuerst — 1273 — trennte sich das am weitesten entfernte Sernfthal von der Mutterkirche in Glarus, zehn Jahre später erbauten Linthal und Mollis sich ihre Gotteshäuser und 1349 folgte sodann — als vierte, sofern wenigstens nicht Betschwanden ihr ebenfalls zuvorgekommen — Schwanden. Unterm 5. März 1349 schrieb Johannes Münch, Domherr zu Basel und zu gleicher Zeit Pfarrherr (rector) der Kirche von Glarus, "den Gemeinden (communitatibus) oder den Leuten der Dörfer Swanden, Zuffingen, Luchsingen und uffen Sool sowie ihren Nachbarn, die zu ihnen halten":[3]

"Es ist uns von Eurer Seite und denen, die zu Euch halten, vorgelegt worden, daß Eure vorgenannten Dörfer von der Pfarrkirche Glarus eine halbe Meile entfernt sind und zur Winterszeit eine Menge Schnee daselbst liegt und Regengüsse Ueberschwemmungen bereiten und daß deshalb Ihr und die Eurigen nicht ohne große Schwierigkeit der Wege die Pfarrkirche in Glarus zu entsprechender Zeit besuchen und dem Gottesdienst beiwohnen können; auch könne der Verweser der genannten Eurer Pfarrkirche oft nicht zu Euch kommen, um bei vorliegender Notwendigkeit Eure Beichte anzuhören und Euch die Sakramente der Kirche zu verabreichen, so daß öfters Menschen wegsterben, ohne die letzten Tröstungen empfangen zu haben (sine viatico); deswegen beabsichtigt Ihr im Dorfe Schwanden eine neue Kirche zu gründen und dieselbe in Euren Kosten auszustatten, damit Ihr einen Priester bei Euch einführen und haben könnet, der

---

[2] Wir besitzen über die Erbauung der Kirche Betschwanden keine Nachrichten und wissen deshalb nicht, ob sie ebenfalls schon vor 1350 oder erst zwischen 1350—1370 gegründet worden.

[3] Die Urkunde ist im Original, wie selbstverständlich, lateinisch verfaßt. (Urkundensf. I, pag. 197.)

Euch vor solchem Seelenschaden für immer bewahren könnte und sind wir gebeten worden, daß wir zu solchem Bau und solcher Stiftung unsere Einwilligung und Zustimmung geben möchten. Indem wir nun erwägen, daß, wie es scheint, der Verweser der Kirche von Glarus und diese Kirche selbst so viele Einkünfte besitzen, daß aus den Abgaben der Eingangs genannten Dörfer ein Diener dieser Kirche gebührend erhalten werden kann, und da wir in den vorgedachten Dingen für Euer Seelenheil sorgen und solchem Unglück nach Vermögen vorbeugen wollen, auch zusehen, daß der Gottesdienst gemehrt (gefördert) werde, so wollen wir, wenn sich die Sache so verhält, wie sie uns berichtet wurde, Euch, so viel an uns liegt, gerne gestatten, daß Ihr die Kirche, welche, wie uns berichtet wurde, schon im Bau begriffen ist, vollständig ausbauen und an derselben einen Priester anstellen dürfet, auch die Kirche selbst mit ihren Einkünften und Besitzungen, durch welche der jeweilige Priester bequem seinen Lebensunterhalt finde, ausstatten möget. Wir geben auch zu allem Vorerwähnten unsere Einwilligung und Zustimmung, so jedoch, daß daraus der vorbenannten Pfarrkirche zu Glarus und ihrem Verweser an Jahreszeiten, Seelenmessen, Opfern, Zinsen und andern Rechten keinerlei Nachteil erwachse oder für verlorene Einkünfte ihr Ersatz geleistet werde, womit ihr Verweser sich mit Recht zu begnügen habe. Auch ist die Erlaubnis und Ermächtigung des Bischofs und die Zustimmung der Patronin[4]) zu Vorstehendem einzuholen. Gegeben im Jahr des Herrn 1349, am 4. Wochentag nach dem Sonntag, an dem Invocavit[5]) gesungen wurde, unter Anhängung unseres Siegels zu dieser Urkunde, zum Zeugnis alles Vorstehenden."

---

[4]) Das Patronat stand selbstverständlich der Aebtissin von Säckingen zu.

[5]) Mit dem Worte Invocavit (er hat — mich — angerufen) beginnt der für den sechsten Sonntag vor Ostern bestimmte Bibelabschnitt Psalm 91, 15.

Wir ersehen aus diesem Schreiben, daß damals — März 1349 — die Kirche von Schwanden bereits im Bau begriffen war⁶) und die Gründe, welche für die Notwendigkeit des Kirchenbaues vorgebracht werden, die Weite des Weges, die Menge des Schnees, die im Winter den Weg unmöglich machte, und die Ueberschwemmungen, die ebenfalls öfters den Besuch des Gottesdienstes in Glarus verhindern, sind uns gewiß einleuchtend, zumal damals nicht bloß Landstraße und Eisenbahn fehlten, auch die Linth noch durch keine Wuhre in ihrem willkürlichen Regiment sich beengt sah. Es war auch sehr schön von dem Basler Domherrn, daß er seine Kirchgenossen vor dem Unglück, ohne die letzten Tröstungen, die Sterbesakramente, von hinnen fahren zu müssen, bewahren will; weniger schön war es, daß er in der Förderung dieser Sache so saumselig sich erwies, daß, wie er in einem spätern Schreiben bekennt, sie ihn **oft und mit großem Nachdruck** darum bitten mußten und sie, wie wir aus unserer Urkunde ersehen, den Kirchenbau anheben, ehe sie seine Einwilligung dazu erhalten. Dabei mag ja freilich zu seiner Entschuldigung gesagt sein, daß Basel damals noch etwas weiter von Schwanden entfernt war als heute und daß deshalb Thesaurarius Münch in Basel über die Zustände und Bedürfnisse seiner Pfarrkinder im Thale der Linth nicht gerade auf dem Laufenden sich befunden hat. Allerdings war es auch um so fataler und ein häßlicher Mißbrauch jener Zeit, daß einem sonst schon gut gestellten Domherrn in Basel auch noch das Pfarramt Glarus übertragen werden konnte, da dann der damit Betraute seine Pfründe in Glarus einem Verweser (vice-plebanus) übertrug und sich im Grunde sehr wenig um die Gemeinde kümmerte, wohl aber einen hübschen Teil des Einkommens für sich behielt.

Daß die neue Kirche in Schwanden und nicht etwa in Nitfurn gebaut wurde, war wohl selbstverständlich, da

---

⁶) Wahrscheinlich waren während des Winters die Steine zur Stelle geschafft und das nötige Bauholz gerüstet worden.

natürlich nur in diesem Falle die uffen Sool und Schwendi sich zur Ablösung von Glarus verstehen konnten und auch Zufingen u. Haslen bei eintretenden Linthüberschwemmungen wohl leichter noch mit Schwanden, als mit dem gegenüber liegenden Nidfurn verkehrten. Überdies war Schwanden bereits bisher — s. ob. Kap. II. — in Folge seiner Lage der Mittelpunkt für die umliegenden Ortschaften geworden und deshalb auch der gegebene Ort für die neu zu gründende Kirche. Daß neben Schwanden in vorzitirter Urkunde aus der Reihe der Weiler, welche sich der neuen Kirche anschließen, nur Luchsingen, Zusingen und Sool genannt wurden, spricht wohl dafür, daß diese Ortschaften damals die übrigen an Größe übertrafen; das Gewicht einzelner hervorragender Persönlichkeiten — z. B. eines Stüßi in Zusingen — mag allerdings auch noch das Seinige dazu beigetragen haben.

Wenn Johann Münch in seinem Schreiben bemerkt, daß der Verweser der Kirche zu Glarus und diese selbst so viele Einkünfte besitzen, daß aus den Abgaben der vorgenannten Dörfer ein Diener der Kirche gebührend unterhalten werden könne, so steht diese Bemerkung mit dem bald darauf folgenden nicht gerade in besonderm Einklang. Denn wenn man von den reichen Einkünften der Mutterkirche Glarus liest, glaubt man sich schon darauf gefaßt machen zu dürfen, daß diese reiche Mutter aus ihren so reichen Einkünften etwas für die Aussteuerung ihrer Tochter beitragen wolle, oder doch der Kilchherr die sich ablösende Gemeinde zu mindesten ohne weiteres von den ihr bisher obliegenden Pflichten gegen ihre Mutterkirche entbinde, da diese ja ohnehin reich genug sei und also eine allfällige Einbuße wohl verschmerzen könne. Man ist deshalb fast enttäuscht, daß er die Einwilligung zur Vollendung des Kirchenbaues nur gibt unter dem ausdrücklichen Vorbehalt, daß „daraus der Pfarrkirche zu Glarus und ihrem Verweser an Jahreszeiten, Seelenmessen, Opfern, Zinsen und andern Rechten keinerlei Nachteil erwachse oder für verlorene Einkünfte Ersatz geleistet werde". Und ebenso nachdrücklich thut er dieses in einem Schreiben, das er am 16. Febr. 1350 an den Bischof zu Konstanz richtet und in welchem er ebenfalls sich und seinen Nachfolgern nachdrucksamst alle Rechte wahrt, „welche ihnen sowohl an den Opfern als an irgend welchen andern Einkünften und Früchten[7]) zustehen, damit ihnen daraus kein Nachteil und keine Schmälerung erwachse"; er verlangt auch, daß „der an der Kirche zu Schwanden anzustellende Priester auf die Präsentation des jeweiligen Kirchherrn von Glarus vom Bischof eingesetzt werden soll"; ebenso wird ausbedungen, daß die neue Kirche durch die Einwohner der ihr anhangenden Dörfer zum voraus „in so ausreichender Weise ausgestattet werde, daß der Priester, der ihr vorgesetzt wird, an ihr und aus ihren Einkünften seinen angemessenen Unterhalt finde."

Nur mit solchem Vorbehalt kann er „auf die vielfältigen und ernstlichen Bitten" der Kirchgenossen von Schwanden die Lostrennung der neugegründeten Kirche von ihrer Mutterkirche in Glarus dem Bischof von Konstanz empfehlen. Man kann also nicht gerade sagen, daß die Mutter, resp. der Inhaber der mütterlichen Gewalt über das gute Werk, das die Tochter sich vorgesetzt hatte und mit willensstarkem Sinne ausführte, besondere Freude und Wohlwollen an den Tag legte; statt an die Freude einer Mutter über die gute Wahl ihrer Tochter werden wir durch die sauersüßen Briefe des Kilchherrn Joh. Münch fast eher erinnert an das Benehmen eines Vaters, der findet, daß seine Tochter zu früh geheiratet; von

---

[7]) Auf Verwendung der Aebtissin von Grünenberg traf Bischof Heinrich von Konstanz u. 14. Februar 1371 einen Vergleich zwischen der Mutterkirche in Glarus und ihrer nun selbständig gewordenen Tochter in Schwanden. Dem dadurch getroffenen Abkommen gemäß, zahlte Schwanden statt der oben angeführten einzelnen Abgaben, die wohl nach Gründung einer Kirche in Schwanden nicht mehr gerne nach Glarus bezahlt wurden, und deshalb ab und zu für den Pfarrer von Glarus Unannehmlichkeiten nach sich zogen, jährlich (annuatim) 5 Pfd, wogegen dann jene Einzelleistungen wohl der Kasse der Kirche von Schwanden zuflossen. cf. Urkundenb. I, pag. 267.

einer Aussteuer der Tochter durch die Mutter ist deshalb von ferne keine Rede; es hat die Tochter vielmehr für ihre Aussteuer voll und ganz selbst zu sorgen. Davon gibt uns eine dritte Urkunde Zeugnis; doch sei vorher noch erwähnt, daß die vorzitirte Urkunde vom 16. Febr. 1350 neben Schwanden, Luchsingen, Zusingen und Sool als Glieder der neuen Kirchgemeinde auch noch aufzählt: Hasla, Nesselauwe[8]), Wart, Tanneberg[9]), Stainingen, Löckelbach, Bönigen[10]), Nitfurt, Obsurt[9]), in dem Tan[9]) und uffen Swendi. Wenn so im Ganzen nicht weniger als 15 Ortschaften uns aufgezählt werden, so liegt auf der Hand, wie wir das übrigens früher schon bemerkten, daß die meisten dieser Ortschaften erst noch aus wenigen Häusern bestanden, zählte doch selbst 200 Jahre später (1567) die Kirchgemeinde Schwanden erst 585 Seelen. Deshalb wird es denn auch die Gemeinde von 1349 sauer genug angekommen sein, einerseits die großen Opfer des Kirchenbaues über sich zu nehmen und anderseits die neue Kirche mit einer anständigen Aussteuer zu versehen, damit der Priester, der ihr vorgesetzt würde, „an ihr und ihren Einkünften seinen angemessenen Unterhalt finde."

Doch, sie haben diese Opfer alle gebracht und auch „in geziemender Weise" für die nötigen Einkünfte zu Gunsten der neuen Kirche gesorgt. Davon gibt uns, wie schon angedeutet worden, Zeugnis eine dritte Urkunde, ausgestellt u. 29. Septbr. 1350 vom Dekan des Kapitels Zürich und vom Leutpriester am Großmünster ebendort. Da nämlich Glarus als Glied des Konstanzischen Bistums damals zum Dekanat Zürich gehörte, hatten nicht bloß der Kirchherr von Glarus und, wie die Urkunde vom März 1349 bereits in Erinnerung brachte, die Grundherrin, die Aebtissin von Säckingen und der Bischof von Konstanz[11])

---

[8]) Leu bei Haslen.
[9]) s. o. Kap. I.
[10]) Über Bönigen s. histor. Jahrb. XXVI. pag. 47.
[11]) Bischof Ulrich (Ulr. Pfefferhard, † 24. Nov. 1351) soll am 9. Febr. 1351 seine Einwilligung erteilt haben.

ihre Einwilligung zu der Gründung einer Kirche in Schwanden zu geben; auch der Dekan von Zürich hatte ein Wörtlein dazu zu sagen und die Ausstattung der neuen Kirche zu bekräftigen. Da bezügliche Urkunde uns allerlei für unsere Ortsgeschichte interessante Aufschlüsse gibt, erlaube ich mir wieder, dieselbe hier wörtlich mitzuteilen. Sie lautet:

„Wir, Johannes, Leutpriester der St. Peterskirche in Zürich, Dekan des dortigen Kapitels, und Johannes, Leutpriester der Propstei in Zürich, entbieten allen, die Gegenwärtiges ansehen, Gruß. Es ziemt sich, daß das, was durch die Frömmigkeit der Gläubigen zu ihrem Seelenheile an fromme Orte zu Vermehrung des Gottesdienstes und insbesondere für die Gründung und Aussteuerung neuer Altäre vergabt und auf rechtsgültige Weise übertragen wird, durch das Zeugnis von Brief und Siegel auf lange Zeit zu sichern ist. Deshalb sollen denn auch alle, welchen es zu wissen irgendwie nützlich ist, wissen, daß im Jahr des Herrn 1350, am Feste des Erzengels Michael, welches auf den 29. September fällt, vor uns als authentischen und glaubwürdigen Personen erschienen sind Dietrich gen.[12] Zimbermann, Heinrich von Swandun[13] und Landold gen.[12] Hessi von Bönigen, bevollmächtigte Vorsteher und Geschäftsführer der Kirche in Swanden und aller dortigen Dorfbewohner beider Geschlechter, mit besondern Aufträgen hiezu von diesen Leuten versehen, und zur Gründung und immerwährenden Ausstattung der Kirche Swanden, einer Tochter der Pfarrkirche Glarus im Dekanat Zürich, welche geweiht ist zu Ehren der seligen und ruhmreichen Jungfrau Maria und St. Fribolin, des Bekenners, in rechtskräftiger Weise Nachfolgendes übergeben und angewiesen haben:

---

[12] Dieses „genannt" (dictus) erinnert daran, daß es damals noch nicht lange her war, seit die aus Beinamen entstandenen Geschlechtsnamen sich einbürgerten.

[13] Die Herren von Zürich schreiben wohl dem Lateinischen zu liebe Swandun statt Swanden.

Eine Vergabung Rudolfs gen. Peters ze Opporte, welche jährlich ein Pfund Pfenning Zürcher Währung erträgt. — Ebenso eine Vergabung des Diethelm gen. Lager von einer Alp gen. Auern, jährlich ein Pfund zürcher. Pfenninge ertragend. — Ferner eine Vergabung gelegen in Rötingen, gen. zum Roßboden, jährlich ein Pfund zürch. Pfenninge ertragend. — Ebenso eine Vergabung von Rudolf gen. ob Garten, zu Trogen und Mettlen, jährlich ein Pfund zürcher. Pfenn. ertragend. — Ebenso eine Vergabung in Ronggellen, welche Lendi Zürni bewirbt und ein Acker bi der langen Mur, welche jährlich fünf Schillinge ertragen. — Ebenso eine Vergabung an der Rüti, welche Heinrich gen. Zürni bewirtschaftet, jährlich 8 Schilling ertragend. — Ebenso eine Vergabung an dem Alten Stafel, die Hemmerli bewirtschaftet und die jährlich 6 Schilling erträgt. — Ebenso eine Vergabung in dem Tan, gen. Feßelingen, welche eine Tochter des gen. Zürni bewirbt und die jährlich 4 Schillinge erträgt. — Ebenso eine Alp gelegen im Blatenthal, welche Werner gen. Ruoz bewirbt, ertragend jährlich 8 Schilling. — Ebenso eine Vergabung gelegen uffem Lütiberg, ertragend jährlich zehn Schilling. — Ebenso eine Vergabung, gelegen uff dem Büel, welche Ulrich gen. Rot bewirbt und die jährlich 10 Schilling erträgt. — Ebenso ein Acker an Rüti, jährlich 5 Schilling ertragend. — Ebenso ein Acker in der Matten, welchen Heinrich gen. Kosti bewirbt und der jährlich 3 Schilling erträgt. — Ebenso eine Vergabung gen. Külisguot zu Nitfur, erträgt jährlich 14 Schilling. — Ebenso ein Acker ze einem Bechelin und eine Vergabung von Stümlingen welche jährlich 7 Schilling ertragen, mit Wiesen, Weiden, Wäldern, Wasserleitungen, Aeckern, Bebautem und Unbebautem, mit allen und einzelnen Zugehörden, Rechten und Einkünften, von den vorbenannten beweglichen und unbeweglichen Gütern. Dieser ihrer Schenkung, Uebertragung, Stiftung und Aussteuerung wünschen sie immerwährende Rechtskraft zu geben, indem sie in allem Vorgeschriebenen alle gebührenden solemnen Worte und Handlungen anwenden.

Ferner kommen hinzu die Opfer und Geschenke der Untertanen der Kirche in Schwanden, welche gemeiniglich auf eine jährliche Summe von 10 Pfund Pfenning Zürcher Währung geschätzt werden. Und da sie keine eigenen Siegel hatten, so baten sie uns, daß wir gegenwärtiger Urkunde unsere Siegel anhängen möchten, zum Zeugnis und zu immerwährender Bekräftigung des Vorstehenden. Hierauf haben wir ihrer Bitte willfahrt und unsere eigenen Siegel, zum Zeugnisse und zu beständiger, unverletzlicher Bekräftigung alles Vorgeschriebenen, der gegenwärtigen Urkunde angehängt. Gegeben und geschehen in Zürich, im Jahre des Herrn 1350, an oben bezeichnetem Tag."

Wir erfahren aus vorliegender Urkunde, neben den Namen der ersten Kirchenvorsteher von Schwanden — eines Dietrich Zimmermann, als dessen Nachkommen wohl die heutigen Zimmermann von Schwändi gelten dürfen, eines Heinrich von Schwanden, mit welchem der letzte der „Herren von Schwanden" ins Grab stieg, und eines Landold Heßi von Bönigen, in dem wir wohl den Anherrn der heutigen Böniger vor uns sehen — auch einige der Donatoren, welche die neue Kirche mit ansehnlichen Gaben bedachten: Rudolf Peters zu Obbort, Rudolf ob Garten, Lenbi und Heinrich Zürni, ein Hämmerli, Werner Ruotz, Ulrich Rot und Heinrich Kosti, Namen, die uns, wie die vielen unter uns erloschenen Geschlechtsnamen des Linthaler Jahrzitenbuchs[14]), daran erinnern, was für ein beständiger Wechsel, ein Kommen und Gehen allüberall statt hat; sie deuten uns bereits an, wie manche der 1349 in Schwanden vorhandenen Geschlechter seither erloschen sind (teils ausgestorben, teils aus dem Lande gezogen), während andere der heute hier blühenden Geschlechter erst im Laufe dieser fünf Jahrhunderte ihren Einzug hielten.

[14]) s. histor. Jahrb. XXIII. pag. 22 ff.

Die Art der Vergabung ist auch hier dieselbe, als wie wir sie z. B. in den Jahrzitbüchern von Linthal und Mollis finden: Es wird eine bestimmte jährliche Abgabe auf die mit Namen aufgeführten Liegenschaften „gesetzt". Dem Geber fiel in jener Zeit, in der so wenig baares Geld zirkulierte, diese Art der Vergabung — wenigstens für den Moment — ungleich leichter als eine entsprechende einmalige Gabe und der Kirche war damit die Gewähr einer bestimmten jährlichen Einnahme nicht weniger sicher gegeben als durch die Ueberlieferung eines Kapitals, das nach landläufigem Zinsfuß jährlich ungefähr den nämlichen Zins abgetragen hätte. Setzte z. B. Rudolf ob Garten auf seine beiden Heimwesen Trogen und Mettlen ein Pfund Pfenning, so war die von ihm übernommene Verpflichtung, der Kirche jährlich 1 Pfund Pfenning zu zinsen, für diese ebensoviel wert, als wenn er ihr ein Kapital von 20 Pfund ausbezahlt hätte; denn jene Verpflichtung, der Kirche jährlich ein Pfund zu entrichten, war nicht eine persönliche, die mit dem Tode oder dem Wegzug des Rudolf ob Garten erloschen wäre, sondern eine dingliche, d. h. auch wenn die beiden belasteten Heimwesen durch Kauf oder Erbschaft in andere Hände übergingen, ging auch die Verpflichtung zu der festgesetzten Abgabe auf den neuen Besitzer über.[15]

Unter den Oertlichkeiten, welche in solcher Weise nach unserer Urkunde in hervorragender Weise belastet wurden, finden wir in der Umgebung von Schwanden und Thon die Heimwesen Rüti und auf dem Büehl, Slümlingen[16] und Feßelingen, in den Huben von Schwändi Trogen und Mettlen[17]), in oder bei Nitfurn einen Acker in der

---

[15]) Deshalb ist auch alles und jedes „Wiesen, Weiden, Wälder ꝛc." dafür haftbar erklärt.

[16]) Heute noch ein Haus ennet der Linth im Freiberg. R. P. B.

[17]) Der Name Mettlen kommt allerdings auch ob Leuggelbach vor (wie überhaupt sehr häufig in den verschiedenen Landesteilen); die Zusammenstellung mit Trogen zeigt aber, daß wir an das Mettlen bei Schwändi zu denken haben.

Matte und Külisgut, bei Luchsingen den noch bestehenden Lütenberg. Außerdem sind zinspflichtig geworden die Alp Aueren (wohl Aueren-Ennetseewen und nicht Aueren-Wiggis) und Altstafel[18]) (Diesthal), ferner Blatenthal (vielleicht Plattenalp[18]) und das mir unbekannte Rötigen-Roßboden[19]).

Neben den in vorliegender Urkunde namentlich aufgeführten größern Vergabungen, die einen jährlichen Gesamtertrag von 8 Pfund repräsentirten, sind dann der neuen Kirche noch eine größere Anzahl kleinerer Vergabungen zugeflossen, die in unserer Urkunde nicht speziell aufgeführt worden, dagegen ohne Zweifel in einem uns verloren gegangenen Jahrzitenbuch eingetragen wurden. Da unter diesen sich, wie dies in Linthal und Mollis auch der Fall war, Vergabungen befanden, die keinen ganzen Schilling, nur 6, 8 Heller jährlich eintrugen, wurden sie nicht in die von den Herrn in Zürich aufgesetzte und besiegelte Urkunde aufgenommen; dagegen machten sie nach dem Sprichwort, daß „viele kleine Vögelein doch auch ein Mählchen geben", zusammengezählt immerhin eine anständige Summe aus; die Herren Kirchenräte, welche in Zürich darüber berichteten, vielleicht auch darauf bezügliche Verzeichnisse vorwiesen, hofften, wie wir vernommen, auf jährliche zehn Pfund. Hat diese Hoffnung sie nicht getäuscht, so wäre der Kirche schon von Anfang an ein Jahreseinkommen von 18 Pfund zu Gebote gestanden. Und im Laufe der Jahre kamen dann noch ohne Zweifel auch hier Vermächtnisse hinzu, durch welche bald hier, bald dort zu Gunsten der Kirche eine jährliche kleine Abgabe „gesetzt" wurde, mit dem Geding, daß „man Gott für sie bitt, für sie und ihr Vater und Mutter." Von diesen vielen kleinen, durch Vergabungen allmälig der Kirche erwachsenen Einkünften gibt Zeugnis

---

[18]) Außerhalb der Huben von Schwanden, aber vielleicht im Besitz von Bürgern von Schwanden.

[19]) Auf Guppen findet sich eine Lokalität Roßboden, die aber keine so große Abgabe ertragen könnte. Pr. M. L.

der älteste noch vorhandene Zinsrodel von Schwanden, der eine größere Anzahl von solch kleinen Posten aufzuführen hat.

Was die Kirche selbst betrifft, die 1349 erbaut und auf Michaelis dieses Jahres geweiht worden, so war sie natürlich zunächst, der damaligen Bevölkerung entsprechend, erst ein recht bescheidenes Gotteshaus, ungleich kleiner und niedriger, als wir sie heute vor Augen haben. So werden wir ja bei späterer Gelegenheit erfahren, daß 1753 das Schiff um 20 Fuß gegen Westen hin verlängert und ebenso für das Anbringen von Emporen um 9 Fuß erhöht wurde. Und ähnliche Erweiterungen hatte das Schiff wahrscheinlich auch schon früher in Folge der stetig wachsenden Seelenzahl erfahren. Aber auch der Turm hat seit 1349 seine Gestalt sehr verändert. Daß er ursprünglich vor allem ungleich niedriger war, als der jetzige, das zeigen deutlich die alten, im Innern des Turmes noch sichtbaren (gegen außen vermauerten) Schallöcher — sog. gekuppelte Fenster[20]) — die etwa drei Meter tiefer unten stehen als die gegenwärtigen Schallöcher und die damit andeuten, wie hoch ungefähr der ursprüngliche, ohne Zweifel von einem sog. „Käsbissen" überdeckte Turm war. Von der jetzigen Kirche dürften sonach lediglich die untern Stockwerke des Turmes, die Ostwand des Schiffes, an welcher einst die Seitenaltäre standen[21]), sowie die untern östlichen Partien der nördlichen und südlichen Mauer dem Bau von 1349 angehört haben.

Von den fünf Glocken, die heute das Geläute von Schwanden bilden, hat wahrscheinlich 1349 auch erst eine die Bevölkerung von Schwanden zum Gottesdienst zusammengerufen, die gegenwärtig zweitkleinste (die Feuer-

---

[20]) Gegen Osten sind zwei, auf den drei andern Seiten je drei von Rundbogen überdeckte Oeffnungen so verbunden, daß die zusammenstoßenden Rundbogen von je zwei Pfeilerchen getragen werden.

[21]) Bei Legung des gegenwärtigen Bodens fanden sich noch die Ueberreste von Wandgemälden rechts und links vom Chor, wo einst die Seitenaltäre gestanden. Pfr. J. R.

glocke), welche in gothischen Majuskeln die Umschrift trägt: Maria, Gotes Zel, hab in diner hvte (Obhut), was ich vberschel (überschalle). Die drei größern Glocken, welche durch ihre (gothischen) Minuskeln ihre spätere Geburt verraten, dürften wohl alle drei erst 1448[22]) gefolgt sein, während die kleinste erst 1510 gegossen wurde.

5. Ein Pfrundbrief von 1414.

Unter den verschiedenen, für die Geschichte des Kts. Glarus wertvollen Manuskripten, die sich vordem im Besitze von Hrn. Landammann Dr. J. Heer befanden, dann aber in der Brandnacht vom 10./11. Mai 1861 ein Raub der Flammen geworden, fand sich auch ein Pfrundbrief für den Priester[1]) von Schwanden aus dem Jahr 1414, der teils für die damaligen kirchlichen Anschauungen und Gepflogenheiten überhaupt, teils über die kirchlichen Verhältnisse von Schwanden insbesondere, uns interessante Aufschlüsse gibt. Dank dem Forscher- und Sammlerfleiß des weiland Kammerer u. Pfr. J. J. Tschudi besitzen wir von fraglichem Aktenstücke wenigstens noch eine Abschrift, und kann ich mir es wieder nicht versagen, dasselbe Ihnen nach seinem ganzen Wortlaut, wenn auch im Interesse allgemeinerer Verständlichkeit etwas modernisirt, hier vorzuführen. Das vom 7. April 1414 datirte Schriftstück[2]) lautet folgendermaßen:

---

[22]) Die größte Glocke weist in ihrer Inschrift ausdrücklich dieses Datum; mutmaßlich sind aber die zweite und dritte Glocke zu gleicher Zeit gegossen worden.

[1]) Durch eine Urkunde vom 17. März 1385 (Urkundenbuch I, pag. 296) lernen wir zufällig als „Lütpriester" von Schwanden kennen einen Johans Bürgender, indem der Genannte nebst seinem Kollegen von Matt und etlichen ehrsamen Bürgern von Schwanden (Rudolf Veltmann) und aus dem Großthal (z. B. Rudolf Vogel wahrscheinlich von Linthal) als Zeuge erscheint in einem Vergleich zwischen einem Conrad Keller in Zürich und Wälti Marchen sel. Wittwe in Ablenbach.

[2]) Glarner. Urkundenbuch I. pag. 471.

"Allen, die diesen Brief ansehend oder hörend lesen, künde ich, Herr Hans Lamprecht von Schüpfen, und erkläre öffentlich mit diesem Brief, daß ich alle diese nachgeschriebnen Stuck wahr und stät will halten uff min Amt, wie die Kilchgenossen zu Schwanden gemeinlich und einhellig übereinkommen sind um diese Stuck, die hiernach geschrieben stehen. So wollen wir einem Priester geben 12 Pfund Pfennig glarnerische Währschaft und nach unsers Landes Recht für seine Pfründe und für ein Rind Fleisch und soll er für die Kirche die Steuer richten (dem Bischof bezahlen) und soll er das Wetter segnen, und wenn er einen Menschen verricht (mit den Sterbesakramenten versieht) und er ihm sein Recht tut, so soll man ihm geben 13 Schilling und 4 Pfenning und nit mehr! Und wenn jemand in Bannschatz verfiele, so soll man 3 Biedermänner in der Kilchhöre nehmen, und wenn es geschähe, daß jemand in andern Sachen mit ihm stößig würde, so sollen alle solche Stöße vor die drei Biedermänner gebracht werden, es betreffe Frauen oder Männer. Wiederum sind wir übereinkommen, daß wenn der Priester gegen jemand einen Stoß hätte, so soll auch er das in Zeit von 14 Tagen vor die Biedermänner bringen, und täte er das nit, so hat der Priester keinen Anspruch mehr an ihn und auch wir an ihn. Und (weiter sind mir übereingekommen) daß ein Priester soll halten unsers Landes Recht, wie die andern Priester, die in unserm Lande sind, und daß man ihm nüt soll geben von Gebeten, die man in der Kilchen hat, sofern man die Gebete von der Kilchen wegen hat, und daß ein Priester nichts ins Jahrzitenbuch einschreiben darf, ohne mit der Kilchhöri Wissen. Wiederum soll ein Priester Messe halten im Leimenstein an einem Dienstag oder Donnerstag oder an einem Samstag und dafür soll man ihm geben ein Pfund Pfenning. Auch erkläre ich, Herr Hans Lamprecht, daß ich den frommen Albrecht Vogel, Amman zu Glarus, gebeten habe, daß er sein eigenes Insiegel öffentlich daran henken möchte, da ich ein eigenes Siegel nicht habe, doch soll das ihm und seinen Erben in keiner Weise von Nachteil sein. Gegeben am heiligen Abend zu Ostern 1414.

Ich weiß nicht, wird heute in Schwanden bei der Wahl eines Geistlichen ebenfalls ein Pfrundbrief errichtet; falls dieses aber geschieht, wie ganz anders wird ein solcher wohl lauten, beides, in Rücksicht auf das, was der Geistliche zu leisten hat, wie in Rücksicht auf das, was die Gemeinde ihm gegenüber schuldet. Unter den Pflichten eines Geistlichen von Schwanden werden heute ohne Zweifel die Predigt des Evangeliums und die treue Besorgung des Jugendunterrichtes in den Vordergrund gestellt werden, im Pfrundbrief von 1414 dagegen steht von diesen beiden Dingen kein Wort, und zwar nicht etwa, weil diese Dinge als so selbverständlich gegolten hätten, daß es deswegen für unnötig erachtet worden wäre, sie auch nur zu nennen. Gegenteils ist es eine Frage, die wir unentschieden lassen, ob Herr Hans Lamprecht wohl das Predigen auch zu den Obliegenheiten seines Amtes zählte — gab es doch damals der Priester genug, welche vom Predigen[3]) nicht viel mehr wußten, als der Schulmeister von Schwändi im Jahre 1811 vom Schreiben.

Ist deshalb im Pfrundbrief von 1414 von Predigt und Jugendunterricht kein Wort gesagt, so steht dagegen als eine erste Obliegenheit im Vordergrund, daß ein Priester „das Wetter segne"; und da damals in diesem Stück die Geistlichen einen ziemlich weitreichenden Einfluß ausübten, war es für Landleute — und unter den Kirchgenossen von Schwanden bildeten sie ja ohne Zweifel damals die ausschlaggebende Mehrheit — auch in der That sehr begreiflich, daß diese wichtige Pflicht in dem zu errichtenden Pfrundbrief gehörig betont wurde. Von der höchsten Bedeutung aber war, wie auch schon die Urkunden von 1349 und 1350 uns in Erinnerung gebracht hatten, daß ein Priester den Kranken rechtzeitig die Sterbesakramente bringe; da galt es entschieden, daß ein

---

[3]) Dieses wurde zumeist den Franziskanern und Dominikanern überlassen.

Priester zu jeder Zeit, sei es am Tag oder zur Nachtzeit, bereit sei, „den Leib des Herrn den Sterbenden zu bringen" und daß er durch nichts, weder Schnee noch Regen, weder Sturm noch schlechte Wegsame sich zurückhalten lasse. War doch die Gefahr, daß jemand ohne Sterbesakramente stürbe, eines der mächtigsten Motive für Gründung einer eigenen Kirche gewesen. Dieser hohen Wertschätzung entsprach auch die hohe Entschädigung, die für diesen Dienst des Priesters ausgesetzt wurde, indem 13 Schilling 4 Pfenning ($^2/_3$ Pfund) als Taxe festgesetzt wurde. Wenn ich bemerke, daß beim Loskaufvertrag von 1395 ein Rind auf 1 Pfund, ein Schaf auf 9 Schilling und ein großer Käse auf 6 Pfenning gewertet worden, so wundert sich doch wohl niemand, daß der Prundbrief von 1414 der Taxe von 13 $^1/_3$ Schilling beigefügt: „und nit mehr"; wohl aber darüber, daß die Gebühr so hoch vereinbart wurde.

Was sodann in vorliegendem Pfrundbrief sehr stark hervortritt, ist die Vorsorge, gegen Uebergriffe der geistlichen Gewalt sich zu schützen. Schon daß ein Pfrundbrief, durch den die Rechte und Pflichten eines Priesters so genau abgegrenzt waren, aufgestellt wurde, dürfte nicht ohne Bedeutung sein, indem schon in dieser einen Thatsache ein Beweis dafür enthalten ist, daß unsere Altfordern auch in jenen „gut katholischen Zeiten" die Priester keineswegs so blindlings schalten und walten ließen, als wie manche sich's vorstellen, ihnen vielmehr ebenso scharf auf die Finger sahen, als heute geschieht, sogar schärfer, als heute mancherorten zu geschehen pflegt. Und noch mehr tritt das zu Tage, wenn wir einzelne Bestimmungen uns ansehen. Hatten schon die Landessatzungen von 1387 — unsere erste glarnerische Kantonsverfassung — festgesetzt, daß niemand einen andern mit frömben Gerichten, gleichviel, ob „geistlich oder weltlich, bekümmern noch uftriben" dürfe, so wird durch vorliegenden Pfrundbrief unzweideutig bekundet, daß auch die Kirchgenossen von Schwanden auf diesem Boden der Landessatzungen von

1387 verharren wollten, indem deutlich festgesetzt wurde, daß auch Herr Hans Lamprecht als Priester von Schwanden niemand vor ein fremdes, geistliches oder weltliches Gericht laden dürfe, sondern, so er einen Stoß hätte wider jemand oder Jemand wider ihn, so sind drei Biedermänner in der Kilchhöri bestimmt, (wohl ein ähnliches Kollegium, als wie wir es 1350 in den „bevollmächtigten" Dietrich Zimmermann, Heinrich von Swanden und Landolt Heßi von Böningen kennen lernten), die alles zu schlichten haben. An sie darf auch appelliren, wer in den Bannschatz gefallen wäre d. h. wer vom Priester wegen Ehebruch, Unzucht und ähnlichen Vergehen in den Bann gethan, von den Sakramenten ausgeschlossen war und nun durch Entrichtung einer Taxe sich davon zu lösen begehrte. Auch da sollte der einzelne Kirchgenosse gegen die Willkür des Priesters, damit nicht der Bannschatz zur Brandschatzung würde, geschützt werden. Und wenn die Landessatzungen von 1387 bestimmten, daß „kein Priester in unserm Land Ladebrief noch Bannbrief von irgend jemand nehmen oder empfangen solle, außer an offener Kanzel, so die Kilchgenossen in der Kilchen sind", so bestimmt der vorliegende Pfrundbrief aus ähnlichen Motiven, daß der Priester nichts ins Jahrzitenbuch eintragen dürfe, „ohne mit der Kilchhöri Wissen."

An diese allgemeinen Bemerkungen, die Beweise jenes altglarnerischen demokratischen Geistes, der auch dem Klerus keinerlei Eingriffe in die Rechte der „altfrien Landblüte" gestattete, schließen wir noch einige Bemerkungen an, welche speziell auf die Gemeinde Schwanden Bezug haben. So zeigt uns der vorliegende Pfrundbrief, daß 1414 der Gehalt des Priesters von Schwanden noch ein recht kärglicher war, indem das Fixum, die Zulage für Leimenstein hinzugenommen, erst 13 Pfund betrug. Wenn wir bedenken, daß die Kirche Matt schon 1272 ein Einkommen von 10 Mark Silber (circa 60 Pfund) in Aussicht nahm[4]), Glarus aber wirklich einen Pfrundgehalt von

---

[4]) Urkundensf. I., pag. 62.

88 Goldgulden gewährte⁵), so stand Schwanden mit seinen 13 Pfund in der Tat noch nicht "auf der Höhe der Zeit".⁶) Im weitern ersehen wir aus unserer Urkunde, daß Schwanden bereits 1414 außer seiner Kirche auch noch eine Kapelle besaß. Bekanntlich liebte es die katholische Kirche, außerhalb der Städte und Dörfer Kapellen zu gründen, in denen ebenfalls an gewissen Tagen Messe gelesen wurde und zu denen von den Hauptkirchen aus Prozessionen statt hatten. So hatte Glarus außer seiner Burgkapelle auch noch eine Kapelle auf dem Burgstein, Matt eine Kapelle "hinter Obmoos", Mollis eine solche auf Beglingen, und so Schwanden eine solche im Leimenstein. Sie war nach dem Bericht des Kirchenhistorikers Lang, wie diejenige von Näfels, ein Jahr nach der Schlacht von Näfels erbaut und am 14. Dezbr. 1389 durch den konstanzischen Weihbischof Jakob eingeweiht worden. Als 1878 das Sträßchen vom Bahnhof Nitfurn nach Haslen erstellt wurde, stieß man bekanntlich auf die Ueberreste, die im Boden noch vorhandenen Grundmauern der 1692 schon fast zerstörten Kapelle, und hatte Ursache, die Festigkeit des dabei verwendeten Mörtels zu bewundern.

Nach den Mitteilungen des schon genannten C. Lang (histor.-theologischer Grundriß der christlichen Welt, 1692, I, pag. 921), war die Kapelle den Zürcher-Heiligen Felix, Regula und Exuperantius, sowie dem "Bauernheiligen" Wendelin⁷) geweiht und hieß deßwegen auch die St. Wendelskapelle.⁸) Ihr zu Ehren war es auch, wie er-

---

⁵) Urkundens. I., pag. 243.
⁶) Bis zum Jahr 1523 war das Jahreseinkommen des Leutpriesters auf 60 Pfd. gestiegen. So meldet das Urbarium L. pag. 112: "Item die kilch sol jerlichen einem lutpriester LX Pfd.; uff die vier Fronvasten uff ein jedlichen XV Pfd., ist gemacht worden an der mittwuchen nach der helgen (heiligen) dry könig tag XXIII jar." Der Sigrist bezieht nunmehr einen Jahrlohn von 14 Pfd. (L. pag. 111.)
⁷) P. Kind, unsere Taufnamen, pag. 60.
⁸) Auch für das Sernstal erwähnte das J. Z. B. v. Matt eine St. Wendelskapelle.

zählt wird⁹), daß die von Luchsingen, welche vordem für ihre Prozessionen zur Wendelskapelle¹⁰) diese Brücke bedurften, an die Instandhaltung des „Haslerstegs" mitzuhelfen hatten. Hatte 1414 der Priester von Schwanden wöchentlich eine Messe in der Kapelle im Leimenstein zu lesen, so scheint nachher für Besorgung derselben eine besondere Kaplanei gegründet worden zu sein; deshalb wird 1523 in einem ältesten Rechnungsbuch der Kirche von Schwanden eines „St. Wendelinspriesters" gedacht. Ebenso meldet uns der Zürcher J. Scheuchzer in seiner Beschreibung der Naturgeschichte der Schweiz II, p. 71¹¹)

⁹) Andere erkennen darin allerdings nur ein Erbstück der alten Holzgenossenschaft. (Kap. VI).

¹⁰) Ein Einsender in der „Neuen Glarner Ztg." vom 11. März 1892 wollte die Kapelle im Leimenstein und St. Wendelskapelle als zwei besondere Kultusstätten angesehen wissen, die etwa 150 Schritte von einander entfernt gewesen wären. Aber abgesehen davon, daß es an und für sich höchst unwahrscheinlich erschiene, daß nur 150 Schritte von einander entfernt zwei Kapellen gegründet worden, wird diese Ansicht widerlegt durch das Zeugnis des ozitirten Lang, der von der „Kapell genannt im Leimenstein" meldet, daß sie „in der Ehr der heiligen Felicis, Regula, Exuperantii und St. Wendel geweyhen worden." Wenn sich fraglicher Einsender auf Sculpturen beruft, die man in den 1840 Jahren im Leimenstein, 150 Schritte von der St. Wendelskapelle gefunden, so konnten infolge der „Bilderstürme" nicht blos 150, sondern sogar 300 und 400 Schritte von ihren ursprünglichen Standorten Bilder und Sculpturen gefunden werden.

¹¹) Derselbe Scheuchzer soll nach Kohlrusch „schweizerischem Sagenbuch" pag. 243 von der nämlichen St. Wendelskapelle erzählen: „Bei St. Wendel, jenseits der Linth, stand einst eine Kapelle, von der man jetzt kaum mehr Trümmer wahrnimmt. Kurz vorher, ehe die Reformation in das Land kam, war dieser Kapelle ein Priester vorgesetzt, der die reichen Einkünfte der Kirche, welche er zu verwalten hatte, statt sie zum Besten der Armen und zum Heile der Religion anzuwenden, in Saus und Braus verschlemmte und verpraßte. Lampreten, Gemsziemer und die feinsten Weine zierten seine Tafel. Von all dem Gutleben ward er aber so dick und fett, daß er, bald ein kurzes Ende nehmend, buchstäblich in seinem Fett erstickte. Obschon der Fleischklumpen, in welchem seine Seele gewohnt hatte, nun zur Ruhe gekommen war, so war es mit dieser doch nicht das Gleiche. Noch heutigen Tages sieht man zur Strafe, daß sie den Sinnen des Leibes zu sehr unterthan war und darob die von der Religion ihr auferlegten Pflichten vergaß, dieselbe in spuckhafter Gestalt eines Pfaffen um den Ort, wo einst die Kapelle stand, herumwandeln."

„Es sind die fetten Einkünfte, welche dieser Kapelle vor der Reformation zugestanden, hernach an die Kirche zu Schwanden verwendet worden."

Wenn wir aus St. Wendelskapelle nochmals zur Hauptkirche in Schwanden zurückkehren, so sei nur noch bemerkt, daß von allen Geistlichen, die im XV. Jahrhundert die Pfründe von Schwanden innehatten, außer Hrn. Hans Lamprecht von Schüpfen (ob es das zürch., luzern. oder berner. Schüpfen war, wissen wir nicht und verschlägt wohl auch nichts) uns meines Wissens ein einziger mit Namen bekannt ist, ein Stephan Klughans, der sich in den 1430er Jahren im Besitz der Pfründe Schwanden befand. Das »Registrum absenciarum et induciarum« des Bistums Constanz meldet uns: Den 7. Nov. 1436 wurde dem Stephan Klughans, einem zur Seelsorge zugelassenen Weltgeistlichen aus der Diocesis Nürnburgensis (?) die Erlaubnis erteilt, die Kirche S c h w a n d e n, eine Filiale der Pfarrkirche Glarus, bis zu St. Johann des Täufers Tag durch einen andern Priester versehen zu lassen; und am 27. Juni des folgenden Jahres wird dem Stephano Klughans, presbitero Nünburgensis diocesis diese Erlaubnis für ein Jahr verlängert.

Indem Johannes Klughans demnach ein ähnliches that, wie der Domherr Münch von Basel als Pfarrer von Glarus, d. h. indem Joh. Klughans zwar den Gehalt eines Pfarrers von Schwanden bezieht, dagegen die Besorgung seiner Obliegenheiten irgend einem armen Kleriker, der sich mit einem Teil der Pfarrbesoldung von Schwanden begnügt, übergibt, tritt auch aus dieser Notiz einer jener Schäden zu Tage, an denen die katholische Kirche damals „an Haupt und Gliedern" krankte.

6. Drei Bannbriefe a. d. XV. Jahrhundert. 1411. 1452. 1495.

Man findet hie und da die Meinung verbreitet, daß vor vier, fünf Jahrhunderten die Liegenschaften der Tagwen und Genoſſamen ausgedehntere geweſen als heute, ſo daß der gegenwärtige Beſitz an Allmenden und Alpen nur noch einen Teil deſſen, was die Tagwen damals beſeſſen, bilden würde. Das Gegenteil iſt wohl ziemlich richtig, daß nämlich nachweisbar der meiſte Allmendboden, den die Tagwen heute innehaben, im Laufe der letzten vier, fünf Jahrhunderte erſt erworben wurde. So habe ich ſ. Z. (Feuilleton der Neuen Glarner-Zeitung von 1891) zum Beweiſe dieſer Thatſache in Rückſicht auf die Beſitzungen des Tagwens Diesbach an der Hand der Protokolle und Urkunden nachgewieſen, daß am Anfang des fünfzehnten Jahrhunderts erſt ein ſehr kleiner Anfang gemeinſamen Beſitzes vorhanden war, während weitaus das Meiſte erſt ſeit dem 17. Jahrhundert angekauft worden. Ebenſo gedenke ich in einem ſpätern Kapitel gegenwärtiger Geſchichte von Schwanden einen ähnlichen Nachweis in Rückſicht auf die Allmenden und Alpen dieſer Gemeinde zu verſuchen.

Anders liegt die Sache in Rückſicht auf die Wälder, indem dieſe in der That, ſoweit noch erhaltene Urkunden uns darüber Aufſchluß geben, augenſcheinlich zum guten Teil in den Händen der Tagwen ſich befanden, und zwar die einen dieſer Wälder im Beſitze einzelner Tagwen, andere aber auch im gemeinſamen Beſitze mehrerer Tagwen, ganzer Landesteile. So beſaßen, um dieſes gleich hier zu erwähnen, die Tagwen von Schwanden bis Luchſingen und Hätzingen, einſt gemeinſam[1]) einen größern Waldkomplex im Freiberg (die Ennetſeewenwaldungen) und erſt im Laufe der Jahrhunderte löſte ſich allmälig dieſe weit ausgedehnte Waldkorporation, zum Teil gütlich, zum Teil nach vorausgehenden Prozeſſen, auf und gingen auch dieſe Wälder in das Eigentum der einzelnen Tagwen über.

Wenn ſo die Tagwen jedenfalls frühzeitig, wahrſcheinlich ſeit überhaupt Tagwen exiſtirten, ſich im Beſitze von

---

[1]) Desgleichen beſaßen die Tagwen Glarus, Ennenda, Mitlödi, Sool und Schwändi einen gemeinſamen Hochwald am Gandberg.

Walbungen befanden, so haben dieselben auch schon in frühern Jahrhunderten zur Erhaltung des Waldes ihre Maßregeln getroffen, zum voraus durch „Bannung" derselben, und zwar in höherm Maße, als wiederum hie und da angenommen wird. Zumal wo infolge eines leichtfertigen oder rücksichtslosen Niederhauens die Entstehung von schädlichen Holz- und Lauizügen befürchtet werden mußte, zeigten sich die Tagwen schon frühzeitig darauf bedacht, ihren Waldbestand zu schützen. Daß diese Wahrnehmungen, die sich mir bereits früher, bei Erforschung der Geschichte anderer Gemeinden, aufdrängten, auch auf das Gebiet von Schwanden zutreffen, dafür haben wir an drei noch vorhandenen Bannbriefen des XV. Jahrhunderts die besten und zuverlässigsten Zeugnisse[2]).

Der erste dieser Bannbriefe, im Tagwensarchiv von Schwanden als eines der ältesten und geschichtlich interessantesten Aktenstücke der bortigen Urkundensammlung noch vorhanden, ist datirt vom Jahr 1411 und ist beglaubigt und besiegelt von dem durch die Schlacht von Näfels bekannten Albrecht Vogel, der von 1398—1416 die Stelle eines glarnerischen Landammanns bekleidete. Vor ihm erschienen, wie die etwas einläßlicher zu besprechende Urkunde[3]) erzählt, die Tagwenleute von Schwanden, da er öffentlich zu Gericht saß, und eröffneten, daß sie das Erlen bannen wollten, „gelegen ennet der Linth, stoßt einhalb an die Linth und anderenhalb an den Sernif" (also das durch die Bahnhofanlage und das neue Bau-

---

[2]) Ueber einen Rechtsstreit der Leute von Nitfurn einerseits, derer von Zustugen, Haslen und Leu anderseits, habe ich in der Festschrift der „Schlacht von Näfels", pag. 11, einläßlicher referirt und unterlasse ich es deßhalb, auch hierorts fragliche Urkunde vom 22. Juli 1370 zu besprechen.

[3]) abgedruckt im Urkundenbuch I, pag. 442. (Um das Verständnis für Leser, die mit alten Urkunden etwas weniger vertraut sind, zu erleichtern, erlaube ich mir, die Hauptwörter groß zu schreiben und auch sonsten die Schreibweise ein wenig der heutigen näher zu bringen. Wem es an einer diplomatisch genauen Wiedergabe gelegen ist, der findet sie an obzitirter Stelle des Urkundenbuchs.

quartier bekannt gewordene, wohl auch einen Teil des „Föhnen" mit umfassende Gebiet) und wünschten nach Form des damaligen Rechtes amtlich zu erhärten, daß sie das thun dürften. „Do stuonbes bar und bienens" (b. h. da standen sie hin und bannten es), als hienach geschrieben stat, des ersten, daß der Grund jemer ewecklich⁴) unsers gemeinen Tagwens sol sin und da anders ewecklich niemand nüt sol eignen mit enkeinen⁵) Dingen noch eigens han noch machen, und als⁶) das Holz, das jetz daruff stat, alb⁷) jemer me daruff gewachset, das hein⁸) wir ouch ewecklich also gebannen, Tots und Lebends, und staht uff jedem Stock 15 Schilling Den., davon sollen (gehören) einem Ammann 5 Schill. und den Leidern 10 Schill., und das sind die Leider, die darum billich zu Gott und den Heiligen geschworen, des ersten Hans Hugs, Wernli Schmit, Wernli Wandel und die Leider sollen darum leiden bi dem Eid, so sie geschworen ohne Gefährde. Und die Leider sollen also Leider sin; wenn einer abgat von Tods wegen oder sus unnütz wurd⁹), so sollen die zwei ein andern bargen und wen sie bargend, der soll's thun ohn alles Verziehn; und welcher es nicht thun wöllt, der käm ohn Gnad um 5 lib. (Pfund) und söllt man den aber wiesen, daß er's müßt thun. Unt gingen alle drei ab, so soll der Tagwen drei ander bargen, und wenn sie bargend, die sollen's thun bei derselben

---

⁴) „zu je und allen Zeiten".

⁵) irgend welchen.

⁶) alles.

⁷) oder.

⁸) haben. Bekanntlich sagen heute statt „haben wir" die Mittelländer „häm-mär", die Hinterländer dagegen: „heim-mer". Obenstehendes „hein wir" beweist, daß dieser „Hinterländer-Dialekt" schon damals existirte und bis Schwanden reichte. Im Gegensatz zu dem in andern glarner. Urkunden findenden „hand wir" begegnet uns das „hein-wir" z. B. auch in der ebenfalls in Schwanden ausgestellten Urkunde vom 17. März 1385, welche oben Kap. 5 erwähnt wurde.

⁹) Wenn einer mit Tod abginge (stürbe) oder sonst unbrauchbar würde, seine Stelle nicht mehr bekleiden könnte, sollen die zwei einen andern dargeben.

Buoß, als vorgeschrieben staht. Es ist auch beredt[10]), wenn der Mehrteil unsers Tagwens übereinkommen würde, daß wir das Holz auf dem Grund sollten hauen, dann mun (mögen) wir das Holz wohl hauen, dem Eid der Leider unbeschadet.

Und des zu einem Urkund, daß dies alles also vor mir, vorgenanntem Albrecht Vogel, beschehen sei, so han ich mein eigen Insigel offenlich gehenkt an diesen Brief, von des Gerichts wegen, wan es Gericht und Urteil gegeben hat." In einem Nachtrag wird noch berichtet, daß die obgenannten Leider gestorben und der Tagwen andere gewählt: Hänsly Thösi und Heinin Tschudi der alt und Heini Dietrich.

Durch vorliegende Urkunde wird zum voraus bestätigt, daß das Bannen der Wälder ein Akt der hohen Obrigkeit war, der wie früher durch den Vogt oder Meier der östreichischen Herzöge, so jetzt durch den Ammann und sein Gericht bekräftigt wurde. Demgemäß fiel denn auch, falls Frevler zur Bestrafung kamen, ein Drittel der Buße (= 5 Schilling) dem Ammann zu; als Glarus noch unter Säckingen, resp. den östreichischen Herzögen stund, hatten deren Stellvertreter sogar ²/₃ der ausgefällten Bußen bezogen.

Ein wenig auffallend ist in dem Vorstehenden die Bestimmung, daß, falls einer der Leider (Bannleiter) mit Tod abginge, oder sonst nicht mehr tauglich wäre, den beiden andern das Recht der Ersatzwahl (das sonst hierorts wenig gebräuchliche Recht der Kooptation) zustund, und nur, wenn eine gänzliche Erneuerung des Leideramtes nötig würde, wieder der Tagwen selbst alle drei wählen sollte. Und ebenso auffallend, wie dieses Recht der Kooptation, das den Leidern eingeräumt wurde, ist unstreitig der für diese Wahlen bestehende Amtszwang. Im Gegensatz zu den Appenzellern kennen wir Glarner bekanntlich heute für gar keine landlichen oder Gemeinde-

---

[10]) abgeredet, bestimmt.

beamtungen einen gesetzlichen Zwang; aber auch aus frühern Jahrhunderten habe ich bisher nur ganz wenige Beispiele[11]) von Amtszwang kennen gelernt (bei verschiedenen Aemtern wurde gegenteils dafür gesorgt, daß einer nicht gar zu lange im gleichen Amte verblieb); eines dieser wenigen Beispiele bildete augenscheinlich die Leiberstelle in Schwanden, wenn hier verfügt wurde, daß wer diese Stelle nicht annehme, ohne Gnade um 5 Pfund — eine sehr große Buße! — erleichtert werden solle und daß er, nachdem er die 5 Pfund bezahlt, dann erst noch einmal dazu verhalten werde, das Amt anzunehmen. Das „leiben" war augenscheinlich keine beliebte Sache.

Der zweite Bannbrief, der uns aus dem 15. Jahrhundert noch erhalten ist, d. h. im Original im Tagwensarchiv von Schwanden sich noch vorfindet, betrifft zwei Wälder am Bühlstock; das eine Holz geht bis gen Niedern und die „Rübenruns" und hinauf bis an den „Achselweg" und den Achselweg bis an den „Schöffbodenritt" und den Ritt nieder bis an den Katzenzaggel; das andere „Bannholz", das man nempt Zusinger=Bannholz, aaht von den Esaden den Alpweg uff an den Kuntzen=Trog und von dem Trog die Egg abher untz (bis) an die Esaden[12])." Zur Bannung dieser beiden Wälder war vor

[11]) In Diesbach bestand für das Amt eines Dorfweibels in sofern der Amtszwang, als dieses Amt „umbging", so daß auch der Dorfvogt (Präsident) Streiff, wie der Herr Landvogt sein Jahr lang die Stelle eines Weibels versehen mußte.

[12]) „Dieser Bannbrief behandelt den jetzigen Bühlstock im ganzen Umfang, nämlich vom Katzenritt (in einem Brief von 1604 steht bereits Katzenritt statt Katzenzaggel) bis gegen Niederen an die Rubenruns, jetzige Blabruns, oben für bis an den Schwanderberg und an den Kunzentrog, der heute noch so benannt wird und in der sog. Hellbrunnen, dem Schwanderberg sich befindet; von dort ging es hinab an den Ehsaden, heute Alpweg genannt. Der Bühlstock mag also schon damals wie heute einen beträchtlichen Teil der Waldungen des Tagwens Schwanden inbegriffen haben, und es ist wohl anzunehmen, daß durch Erweiterung der Ortschaft und der darum liegenden Grundstücke dieses nächst gelegene Waldrevier schon für die damaligen Bewohner den größten Wert repräsentirte. Auch aus folgenden Jahr=

Uolrich am Bül, geschwornen Landweibel zu Glarus, am 13. November 1452, als er öffentlich zu Glarus mit den fünf geschwornen Richtern zu Gericht saß, „an Statt und im Namen Josen Tschubis[13]), zu benen Ziten Ammann zu Glarus", erschienen Rubi Kläsi von Schwanden „an Statt und im Namen der Tagwenlüten in Schwanden" und eröffnet durch einen Fürsprecher, daß sie die genannten Wälder bannen wollen; es solle das so geschehen, daß niemand aus diesen Wäldern soll holzen oder darinnen etwas hauen, es wäre denn, daß man Weg und Steg daraus machen oder auch, wenn Wassers- oder Feuersnot angienge — das Gott lang wend — dann mögen die gemeinen Tagwenleute einem zu hauen erlauben, so viel sie dann für gut finden. Dabei hat man wieder auf jeden Stock 15 Schilling Hlr. gesetzt, von denen ein Dritteil dem Richter, ein Dritteil den Leidern und ein Dritteil den Tagwenleuten zufallen, und sind darüber zu Leidern gegeben Rüdy Streby, von Zufingen[14]), Rüdy Clässy, Heini Dietrich und Hans Wandel, die darum zu den Heiligen geschworen, das Bannholz zu schirmen und zu leiden, so fern sie Uebertreter erfahren. Und sollte einer der Leider für sein Amt unfähig werden oder wegsterben, so werden die Tagwenleute gemeinlich oder der Mehrteil einen nützen (tauglichen) an des Abgegangenen

---

hunderten haben wir verschiedene Bannbriefe, die das nämliche Ziel verfolgen: der Erhaltung und Förderung der dortigen Waldungen möglichst Vorschub zu leisten. Die Waldungen des Bühlstockes waren eben von je ber die nächsten und ersten Lieferanten von schönem Holz, ergiebiger Laubstreue 2c und dienten überdies auch ganz besonders, die umliegenden Liegenschaften und Wohnungen vor schädlichen Naturereignissen zu bewahren, sowie die Speisung der Wasserquellen der Ortschaft zu befördern, und wohl wird immer, wie auch heute dieser herrliche Gebirgsstock eine Zierde der Gegend gewesen sein". Korref. von Herrn Tagwenvogt Luchsinger.

[13]) Jost Tschudi „im Krieg und Frieden Führer der Glarner", war Landammann von 1419—1452.

[14]) Zufingen gehörte damals zu Schwanden; die gegenwärtige Abgrenzung zwischen Schwanden und Haslen wurde 1615 resp. 1755 festgestellt.

Statt geben, der sich in gleicher Weise wie seine Vorgänger durch einen Eid verbinden soll. „Do warb", erzählt Landweibel Ulr. am Bül, „nach miner Frag mit gemeiner Urtel erkennt, daß **unſer Land Glarus ſo viel Friheit** und Recht habe, daß ſie das wohl thuon mögen, wie ſie das am Rechten ze Wortten bracht hand[15]). Da das beſchah, begehrt der obgenannt Rüby Cläſy an dem Rechten ze (zu) erfahren, wie ſy den Bann ſöllten verkünden, daß er Krafft haben möchte; fragt ich obgenannter Richter des Rechten; da ward nach miner Frag uff den Eid erteilt, daß ſy den Bann in der Kilchen künden (verkünden), wie ſy den am Rechten ze Wortten bracht hand; ſpreche inen jeman üt[16]) darinn mit Recht, daß ſy des erwarten; ſpreche inen nieman darinn und inen das nieman mit Recht abzuge, daß ſy denn by ir Bann beliben und ein Gericht ſy daby ſchirmen ſölt nach Landsrecht. Do das beſchach, bat der obgenant Rüby Kläſy an dem Rechten ze erfahren, ob man inen nüt billig Brief hierüber geben ſolle. Der ward inen nach miner Frag mit gemeiner Urtel bekannt zu geben und der Ammann ſoll den beſiglen von des Gerichts wegen."

Während Dr. Blumer im Gemälde des Kts. Glarus pag. 483 annahm, daß erſt in einer Satzung von 1457 das Gericht der Fünfe erwähnt werde, zeigt vorſtehende Urkunde, daß dieſer neue Gerichtsſtab ſchon 1452 amtete, und iſt es auch nicht mehr der Ammann, wie im erſt aufgeführten Bannbrief von 1411, vor den die Sache kommt, ſondern der Landweibel, der „im Namen Joſen Tſchubis" das Gericht der Fünfe präſidirt. Im Fernern erfahren wir aus unſerer Urkunde, daß amtliche Publikationen, wie Rechtbote u. drgl. ſchon damals in der Kirche erfolgten — ein Gebrauch, der bekanntlich bis in unſere Tage ſich erhielt und in jener Zeit, da noch keine

---

[15]) Wie ſie das vor Gericht in Worten ausgeſprochen.
[16]) irgend etwas.

Druckerpresse für deren Verbreitung sorgte, auch ungleich mehr Berechtigung hatte, als in unserem Jahrhundert, in welchem das gedruckte Amtsblatt allen, die sich um seine Anzeigen und Bekanntmachungen bekümmerten, zugänglich war.

In Rücksicht auf die spezielle Geschichte der Gemeinde Schwanden, erfahren wir aus dieser zweiten Urkunde, daß das 1411 den Leidern gewährte Recht der Kooptation 1452 wieder dahingefallen war, wie übrigens auch schon der Nachtrag zum ersten Bannbrief vermuten ließ. Aber auch von dem 1411 bestehenden Amtszwang ist keine Rede mehr. Ferner entnehmen wir unserer Urkunde, daß von der Buße von 15 Schilling nur noch 5 Schilling den Leidern zufallen, nicht mehr 10, wie anno 1411 geschehen; es scheint daraus hervorzugehen, daß das Leideramt in der Zwischenzeit begehrter geworden.

Indem ich weitere Schlüsse, die sich vielleicht aus unserm Briefe für die Gemeindsgeschichte von Schwanden ergeben, dem geneigten Leser überlasse, gehen wir unserseits noch kurz zur Besprechung des Bannbriefes vom 9. November 1495 über. Diesmal erschienen vor dem Landweibel Hans Hermann, als er „uf dem Rathus" mit fünf geschwornen Richtern öffentlich zu Gericht saß, die bescheidenen Heini Tschudi und Ruby Kielliger „von ihr selbs und gemeiner Tagwenlütten von Schwanden wegen und brachten für, wie das ihr Vorderen (Vorfahren) vor vil Jaren ein Holz in Ban geleit habent, dasselbe Holz heißt im Haslen,[17]) stost unnden dur an den Stein, da die Krütze (Kreuze) innen standen, und von selben Steinen die hinder Zürnis Runß uff untz (aufwärts bis) an den Berg, und an der andern Sitenn (Seite) den langen Zug uff ouch untz an den Berg und under dem Berg dur wider an die hinder Zürnis Ruß, und hand

---

[17]) Der damit bezeichnete Wald liegt ob der Allmend Matt, dem obern Heimli, an der Grenze gegen den Tagwen Nitfurn. Die hintere Zürnis-Runß" ist die „Oberrus" und der zitirte „Berg" der obere Leuggelberg (Hr. Tagwenvogt Luchsinger).

geſetzt uff jecklichen Stock baniß (Tannen-) Holz ein Pfund, gehören die Bußen ein Dritteil dem Richter, ein Dritteil dem Leider und ein Dritteil den Holzbeillen, und ſomlichen Ban mögent[18] ſy verſechen, mit zwei oder drÿ Leidern, well inen darzu wol fügent[19] oder aller ebneſt (am geeignetſten) ſind; und well den alſo zu Leidern dargeben werdent, die ſollent den loben mit ihr Trüw (Treue) in Eids Wiſe, zu leiden alle die, ſo in den obgenanten Bannholz überfaren (übertreten) hand, als ver ihnen das kunt oder wüſent[20] iſt, um die Buß, wie obſtat. Und wen alſo der Leider einer abſturb oder ſonſt unnütz wurdi, den ſo mugent (mögen) die obgenampten Tagwenlüt von Schwanden ein anderen Leider an des vor abgeſtorbenen oder ſuſt unnützen ſtat[21] geben. Und ſömlichen (ſolchen) Bann habent ir Vorderen vor vil Jaren in Bann geleit, wie obſtat, und mit Urtel und Recht erlangt und mit Briefen und Siglen verſehen, der ſelb Brief ſy inen in Vogt Struben Huß verbrunnen.

Was die Belehrungen betrifft, die dieſer Brief uns zunächſt wieder in landlicher Beziehung gibt, ſtellt er uns an einem Beiſpiel vor Augen, wie fatal es war, daß das Gericht ſelbſt ſeine Rechtsſprüche nicht zu Protokoll behielt, ſondern es lediglich den Parteien überließ, für die Aufbewahrung der von ihnen erlangten „Urthel" zu ſorgen. Weil mit Vogt Struben Haus auch ältere das Haslen betreffende Bannbriefe mit verbrannten, mußte Schwanden wieder vor Gericht kehren, um zu erfahren, „wie ſie ſömlich Ban oder Banholz wiederum in Schirem bringen mögen oder ob ſy nu billig bÿ irem Ban ſöllen beliben." Oft entſtanden aus ähnlicher Veranlaſſung über einen alten Prozeßgegenſtand wieder neue Prozeſſe, in denen es galt, durch weitläufige Zeugenverhöre ſo viel wie möglich den Wortlaut des frühern Urteils feſtzuſtellen.

[18]) ſolchen Bann mögen ſie.
[19]) welche ihnen dazu wohl paſſen.
[20]) So fern (ſo gewiß) ihnen ſolches kund und bewußt iſt.
[21]) An Stelle des verſtorbenen oder ſonſt dienſtuntauglich gewordenen Leiders.

Fürs anbere erfahren wir aus vorliegendem Bannbrief von 1495, daß nunmehr die Gerichtsverhandlungen „uf dem Rathus" stattfanden, nicht mehr „an der offenen Richtstatt" oder „ze Glarus under der Eich, da ich offenlich zu Gericht saß." Es ist darnach auch die Angabe im Gemälde des Kantons Glarus pag. 562 zu berichtigen, daß erst 1498 ein Rathaus als Versammlungsort der Gerichte erwähnt werde; es ist dieses zum mindesten schon 1495 der Fall.

Im weitern ersehen wir aus unserer Urkunde, daß wenigstens in Schwanden schon bamals die Leider „statt zu den Heiligen zu schwören", „in Eids wis loben."

7. Noch ein Aktenstück a. d. XV. Jahrhundert.

In den auf die Gründung der Kirche von Schwanden bezüglichen Urkunden, wie übrigens auch in andern ähnlichen Aktenstücken des XIV. und XV. Jahrhunderts sind uns die Schwierigkeiten und Unterbrechungen, welche in jenen Zeiten der Verkehr zwischen den einzelnen Dörfern erfuhr, in Erinnerung gebracht worden. Die Thalebene stund noch zum größten Teil unter der Herrschaft der Linth, und diese machte in Rücksicht auf die Wege, welche die einzelnen Dorfschaften mit einander verbinden sollten, zum öftersten den alten mathematischen Lehrsatz zu Schanden, daß die gerade Linie die kürzeste Verbindung zweier Punkte sei. Und wollte man, um den Schwierigkeiten der Linth auszuweichen, seinen Weg mehr den Berghalden nach wählen, so erhoben Runsen und Lawinenzüge auch nicht selten ihre Einwendungen. Aber nicht bloß mit den Hemmnissen der Natur hatte die Instandhaltung der Verkehrswege zu kämpfen, auch die Bequemlichkeit und der Eigennutz der Menschen, d. h. das Bestreben, Lasten möglichst auf die Schultern der andern abzuwälzen, machten die Sache noch um das schwieriger. Die Herstellung und Aufrechthaltung der Wege war damals noch nicht Sache des Staates — weder des Kantons, noch gar des Bundes —

sondern lag auf den Anstößern, und wenn nun Ueberschwemmungen, Rutschungen ꝛc. vermehrte Mühen und Kosten für deren Wiederherstellung verursachten, so lag es sehr nahe, daß die davon Betroffenen sich so wohlfeil wie möglich aus der Sache zu ziehen suchten, und das noch um so mehr, wenn andere größern Vorteil von der gehörigen Aufrechthaltung des Weges hatten oder doch zu haben schienen, als sie, die vermöge des besprochenen Grundsatzes allein die Kosten zu tragen hatten. Es wundert uns deshalb nicht, daß in Folge dessen zwischen den verschiedenen Anstößern der Wege des öftersten Meinungsdifferenzen entstanden, die bald durch gütlichen Vergleich beigelegt wurden, bald aber auch durch den Spruch des Richters entschieden werden mußten. Dieses letztere war denn auch 1471 der Fall in einer zwischen der Gemeinde Schwanden und denen im Sernfthal bestehenden Streitfrage, von der ein noch vorhandenes Aktenstück uns Kenntnis gibt.

Indem ich mir erlaube, dasselbe vollinhaltlich[1]) hier mitzuteilen, will ich nur zum voraus hier bemerken, daß Werner Aebli, der als Landammann und in Folge dessen auch als Gerichtspräsident (Vorsitzender der „Neune") die Urkunde beglaubigt und besiegelt, der Held von St. Jakob an der Birs war, welcher als der einzige der 50 am Kampfe mit den Armagnaken beteiligten Glarner mit dem Leben davon kam, — nicht weil er rechtzeitig die Flucht ergriffen, sondern weil er von den „sieben großen Wunden und Stichen", die er erhalten, zu Basel glücklich „gearznet" worden.

Das von ihm ausgefertigte Aktenstück lautet wie folgt:

Ich, Werner Aebli, zu der Zit Ammann zu Glarus, erkläre und thue kund jedermann mit diesem Brief, daß ich mit den Neunen des geschwornen Gerichts öffentlich zu Gericht saß und da in offnem Gericht vor mich kamen

---

[1]) Die wortgetreue Wiedergabe des obigen Aktenstückes siehe histor. Jahrbuch XXIX, 7 ff.

bevollmächtigte Vertreter (vollmächtig botten) der gemeinen Kirchgenossen des Sernsthals einerseits und Vertreter der Tagwenleute von Schwanden, ebenfalls mit der nötigen Vollmacht versehen, anderseits. Dabei eröffneten und klagten die Vorgenannten aus dem Sernsthal in ihrem und aller ihrer Kirchgenossen Namen durch den ihnen erlaubten Fürsprecher gegenüber den Vorgenannten von Schwanden, die ihnen im Gericht unter Augen standen, wie der Weg und die Landstraße, so ins Sernsthal hineingeht und den sie und andere Leute täglich das ganze Jahr hindurch, Sommer und Winter, fest brauchen und fahren müssen, sehr abgegangen und „zerbrochen" sei, besonders an einem Ort, so daß niemand weder Libs noch Guts sicher sei. Darum haben Ammann und Rat ihre Kilcher aus dem Sernsthal und die von Schwanden geheißen, den vorbezeichneten abgegangenen Weg wieder machen, ein jeder Teil seinen Rechten unbeschadet, und sollen dann die aus dem Sernsthal das Recht bei denen von Schwanden suchen, welcher Teil mit Recht die Pflicht, den Weg zu verbessern, auf den andern bringen möge. Das haben nun die aus dem Sernsthal gethan, und haben die von Schwanden rechtlich belangt und gegen sie Klage erhoben, wie sie Gott und ihrem Recht zutrauen. Da sie an einem Ende sitzen uud alles, wovon sie leben müssen, mit Mühe und großen Kosten hineinbringen und an dem bezeichneten Ort weder Wunn noch Weid nutzen und brauchen, und dagegen ebenda die von Schwanden sie nutzen und Holz und Weid brauchen, wie ihnen bequem ist, und allda ihre liegenden Güter haben, so sollen diese denn den Weg machen ohne ihren Schaden, so weit ihre Güter gehen oder sie die Allmeind nutzen, und begehren darum (die aus dem Sernsthal) von ihnen Gericht und Antwort.

Auf das antworten die vorgenannten Boten von Schwanden in ihrem eigenen und ihrer Tagwenleute Namen, ebenfalls durch den ihnen erlaubten Fürsprecher, sie glauben nicht, daß sie schulbig seien, den Weg zu machen. Denn ihre Huben und die Besitzungen ihres Tagwens gehen weiter nit, als bis an Gändlis Ritt, der außerhalb des nun abgegangenen und zerbrochenen Weges sich befinde, und sie haben ihn auch nie weiter gemacht, als bis an denselben Ritt, und wenn die Landleute jemand dazu verordneten, der sie Weg und Straß machen hieß, so hieß man sie nie weiter machen, denn bis an genannten Ritt, und sie nutzen auch dort hinein weder Holz, Wunn noch Weid, als wie andere Leute das auch nutzen. Darum haben die aus dem Sernsthal im Lanzig und im Herbst den Weg herauswärts bis an den Gändlis-Ritt gemacht. Und so trauen sie denn Gott und ihrem Recht, nach dem wie ihre Altfordern denselben Weg und darzu das Holz ob und nit dem Weg verbannet, dafür sie einen versiegelten Brief haben, der denen aus dem Sernsthal und nicht ihnen es zuweist, den Weg zu machen und zu unterhalten, wie bisher. Derselbe Brief weist auch, wer den Weg breche[2]), der solle ihn wieder machen, wer das nicht thue, der ist in eine Buße verfallen, wie der Brief das mit gibt, und dieselbe Buß gehört zu einem Drittel einem Ammann oder einem Weibel[3]), zu einem Drittel den Leidern und zu einem Drittel den Kirchgenossen aus dem Sernsthal und sind die von Schwanden in keiner Weise dabei beteiligt, als daß sie ihrerseits auch zwei Leider bestimmen sollen. Daraus ist denn leicht zu verstehen, daß sie der Weg, um den die aus dem Sernsthal sie jetzt beklagen, ganz nichts angeht. Sie glauben auch, fromme Leute zu haben, die wohl wissen, daß die aus dem Sernsthal den Weg vormals im Lanzig und im Herbst gemacht haben, und sie verlangen, daß man diese darum verhöre.

Es geschah auch, daß der alte Bannbrief und viele fromme Leute darüber verhört wurden. Dagegen redeten

---

[2]) Das Kopirbuch von Schwanden ließ irrtümlich bruch, brauche, statt breche (verderbe, zerstöre).

[3]) Der Landweibel war damals bekanntlich mehr als der Begleiter und gehorsame Diener des Landammanns, er war vielfach sein Stellvertreter, der als solcher Gerichtssitzungen zu präsidiren hatte.

wiederum die aus dem Sernsthal: Sie wären es auch jederzeit geständig gewesen und noch, daß sie im Herbst den Weg gebessert und an etlichen Orten gemacht haben; sie haben den Weg aber darum gemacht, damit sie den Winter durch desto sicherer ein= und ausfahren könnten, es wäre mit Schlitten oder sonst, und sie hoffen, daß das ihnen an ihren Rechten nicht schaden könnte. So stellten beide Teile aufs Recht ab.

Also nach Ansprach, Antwort, Red und Widerred und nach der Kundschaft, so verhört worden, Leuten und Briefen, so stellte ich, obgenannter Richter, die rechtliche Frage, und da wurde nach meiner Frag auf den Eid geurteilt, daß man die Sache schlagen soll vor die Landleute, und daß diese sollen Leute darzu bestimmen, wenig oder viel, die Neune oder andere, und die sollen an Ort und Stelle gehen und die besehen und beide Teile da verhören, Ansprach, Red und Widerred, Kundschaft, Leute oder Briefe, und was dann diese, die von den Landleuten dazu geordnet worden, in Rücksicht auf den Weg erkennen, wer den machen solle, dabei soll es verbleiben.

Und daraufhin ist denn die Sache in diesem Sinne vor die Landleute gekommen, und haben diese den Ammann und die Neune, die geschwornen Richter, und sonst fünf ehrbare, bescheidene Männer aus den Landleuten und der ganzen Gemeinde zu den Neunen geordnet, daß die sollen an Ort und Stelle (uf die Stöß) gehen und sollen da beide Teile verhören, was sie vorbringen wollen und glauben, als Recht beanspruchen zu können, und sollen dann dieselben sich darüber aussprechen, und das Recht, das sie göttlich und recht dünkt, sprechen.

Das ist nun also geschehen, und sind sie also auf die Stöß gegangen und an den Ort, da der Weg dazumal abgegangen und zerbrochen war, und haben beide Teile verhört, Klage, Antwort, Red und Widerred, den Bannbrief und die Kundschaft, so lange, bis beide Teile nichts mehr vorzubringen hatten, und also habe ich, vorgenannter Richter, die rechtliche Frage gestellt, und ward nach meiner

Frage mit Mehrheit auf den Eid geurteilt, daß der Bannbrief, den die aus dem Sernfthal vor Zeiten genommen haben und noch besitzen, ganz bei seinen Kräften bleiben solle, wie der weist und aussagt, und sollen die Tagwenleute von Schwanden forthin den Weg gut machen und in Stand halten, daß man ihn mag saumen und fahren, bis an die Blatten unten am Wartstalden, da St. Nikolaus in einem Stock steht, und sollen die aus dem Sernfthal von dort an ihn machen, und soll fortan jedermann ihn machen, wie die Landleute das angenommen haben.

Wollen aber die aus dem Sernfthal einen Wagen- oder Schlittweg haben, so sollen sie ihn selber machen, ohne Hilf und Zuthun derer von Schwanden. Auch sollen und mögen die von Schwanden die Allmeind, die Weid nutzen und brauchen, wie andere Leute ihre Allmeind nutzen und brauchen, und was das Holz betrifft, so mögen sie es nutzen und brauchen, wie das von Alters Herkommen ist. Sollten dann die von Sool vermeinen, daß sie die obgenannte Allmeind auch wollten nutzen und brauchen, so mögen die von Schwanden ihnen das auf dem Rechtswege verwehren, es wäre denn, daß sie zu beiden Teilen gütlich irgend anders übereinkommen und eins werden, es sei, daß die von Sool die Allmeind auch nutzen und brauchen und denen von Schwanden den Weg helfen machen; wie sie darüber eins werden, so soll es bleiben.

Und des zu einem wahren Urkund habe ich, obgenannter Richter, jedem Teil das Urteil und wie die Richter entschieden haben, einen Brief geben, unter meinem Siegel, doch mir und meinen Erben ohne Schaden. Der ist gegeben am Samstag nach dem heiligen Kreuztag im Maien, da man zählt nach Christi Geburt 1471.

So der wider Schwanden ergangene Urteilsspruch. Ich denke, in diesem Falle war in der That der Verspielende hintenher der Gewinnende; denn selbstverständlich wurde denen von Schwanden durch denselben Spruch, der sie verpflichtete, den Weg bis „an die Blatten unten am Wartstalden" auf- und in Ehren zu halten, auch Wald

und Weib bis zu derselben Grenze zugesprochen und das
dürfte in der Folgezeit doch die Kosten für den Weg
mehr als aufgewogen haben.

Betreffend den Weg ins Sernsthal ersehen wir übrigens
aus unserer Urkunde, daß derselbe schon damals wie bis
in die Zwanziger-Jahre unseres Jahrhunderts auf der
südlichen, linken Seite des Sernf, am Norbabhang des
Freiberg dahinführte. Es lag dieses in der Natur der
Dinge. Denn wenn auch heute noch die Erstellung und
der Unterhalt von Brücken eines der schwierigsten und
kostspieligsten Stücke des Verkehrswesens bilden, (wie eine
Inschrift in Schwanden am Eröffnungsfest der Hinter-
länder-Eisenbahn klagte und Schwanden anno 1878/79
wohl thatsächlich erfahren hat), so war dieses noch viel
mehr der Fall in jenen Zeiten, da die Gewässer bald da
bald dort ihren Lauf nahmen. Nun bestand aber mit
Rücksicht auf Zusingen und Haslen in Schwanden doch
bereits eine Brücke[4]) über die Linth und war es deshalb
gegeben, daß man diese benützte und von da aus dann,
ohne den Sernf zu überschreiten, längs des Berges ins
Kleinthal vordrang[5]).

Des Weitern erhellt aus unserer Urkunde, daß die
damalige „Landstraße" ins Sernsthal noch kein „Schlittweg" war, sondern nur erst ein Saumweg, daß aber die
im Sernsthal bereits an eine Erweiterung zum „Wagen-
oder Schlittweg" dachten und dafür Opfer zu bringen
bereit waren. Es war das sehr begreiflich, da auch schon
damals mancherlei Dinge von Schwanden und Glarus
aus ins Sernsthal geholt und andere auf den Markt nach
Glarus gebracht werden mußten. Nicht dasselbe Bedürfnis

---

¹) Nach Mitteilung von Hrn. Präs. M. Luchsinger 1460 neu erbaut.

²) „Weitere Gründe lagen auch darin, daß die Waldungen und
Weiden von Schwanden hier einen Weg nötig machten, daß hier keine
Bäche zu überschreiten waren außer dem Niedernbach, der so wie so
seine Brücke erforderte, und daß die Waldungen den Weg besser
schützten, als auf der andern Seite des Sernft geschehen wäre".
Pr. M. L.

hatten die Tagwenleute von Schwanden, die sich's eben darum gerne gefallen ließen, daß die Sernfthaler bei früherm Anlaß auch über ihre Pflicht hinaus an der Verbesserung des Weges arbeiteten; augenscheinlich rechneten sie darauf, daß die Sernfthaler auch diesmal, um nur mit dem Hauptthal wieder verkehren zu können, von sich aus den „abgegangenen", wohl durch Rutschungen zerstörten Weg wieder herstellen würden, wenn Schwanden sich nicht rühre, ihn zu verbessern[6]).

Aufgefallen ist mir in vorliegender Urkunde, daß der Landammann Werner Aebli die Sache „für die Landleute geschlagen" und „die Landleute und die ganze Gemeinde" außer den Neunen noch 5 weitere „ehrbare, bescheidene Männer" mit der Schlichtung des Streites betrauten. In andern Streitigkeiten ist es der Rat, welcher zur Beilegung eines Streites seine „Untergänger" (Augenscheinrichter) ernennt; wenn hier der „hohe Gewalt" selbst sich der Sache annimmt, die nötige Wegleitung gibt und dem Gericht der Neune 5 weitere Richter beiordnet, so war das wohl dadurch begründet, daß es sich nicht um einen Prozeß zwischen Privaten handelte, sondern um einen Streit zwischen zwei Gemeinden, in einer Sache, bei der überdies gewissermaßen das gesamte Landvolk beteiligt war.

8. Die Bürgerschaft von Schwanden bis zur Zeit der Reformation.

Wir haben bereits bei früherm Anlaß, als wir von den ersten Donatoren der Kirche von Schwanden berichteten, darauf aufmerksam gemacht, welch ein Wandel und Wechsel in den in unsern Gemeinden wohnenden Geschlechtern bemerkbar ist. Denn von den Peters, ob Garten, Zürni,

---

[6]) Wenn die Bürger von Schwanden die ihnen zugemutete Justandstellung des Weges lieber denen im Sernfthal überlassen hätten, so mochte dafür ein Grund auch in den etwas unklaren Eigentumsverhältnissen liegen, indem die von Schwanden allerdings auch jenseits des Gäudlisritts Wald und Weide besaßen, aber nicht allein Eigentümer waren, sondern nur Miteigentümer. Pr. M. L.

Nutz, Rot und Kosti, welche 1350 ihre Vergabungen zu Gunsten der Kirche machten, finden sich und schon länger keine direkten Nachkommen mehr vor, die den Geschlechtsnamen dieser ihrer Stammväter auf unsere Tage vererbt hätten. Zu ähnlichen Betrachtungen hätten uns auch die Namen der Leiber, die Hugs, Wandel, Thösi, Dietrich und Kießlinger, die wir im 6. Kapitel kennen lernten, veranlassen können. Und auch wenn wir die Männer uns nennen lassen, welche in Weesen und bei Näfels, bei St. Jakob an der Birs und in der Schlacht von Novarra ihr Leben einbüßten, so werden wir die nämliche Beobachtung machen.

Unter den 28 Glarnern, welche in der Mordnacht von We sen der Hinterlist der „ungetrüwen Wesner" zum Opfer fielen, fanden sich ¹/₇ — ihrer vier — aus der Gemeinde Schwanden (die gleiche Anzahl wie aus der Gemeinde Betschwanden oder der Kilchhöri des Sernfthals.) Diese vier sind ein Hans Kläsi, Hans Kelz, Hermann ab Böningen und Rudi Thung. Unter den 51 Glarnern aber, welche in der Schlacht von Näfels ihre treue Hingabe an des Vaterlandes und der Freiheit heilige Sache mit dem Tode besiegelten, finden wir fünf von Schwanden, — verhältnißmäßig ungleich weniger als aus den Kilchhören von Mollis (15) und Glarus (19), dagegen mehr als von Betschwanden (2), von Linthal (2) und aus dem Sernfthal (2), weil eben die Mannschaft von Schwanden später als die von Mollis und Glarus eintraf, früher dagegen als diejenige aus den beiden Thälern. Diese fünf bei Näfels gefallenen Streiter von Schwanden sind, wie aus dem Fahrtsbrief wohl schon jedem Bürger von Schwanden aufgefallen: Wernli, des Heini Hüßli's (Hösli) Sohn, Klaus Keißer, Wälti uß der Wart, Wälti ab Sool, Rudi Süßer. Bei St. Jakob an der Birs sodann fanden sich nach Angabe des Aegibius Tschudi (Chronik II, pag. 427) unter den fünfzig Glarnern, welche in dem so ungleichen Kampfe alle bis auf einen — den in vorausgehendem Kapitel genannten Werner Aebli —

auf dem Schlachtfeld blieben, 6 Bürger von Schwanden: Rudi Böninger, Hänsli Matthis ab Erbslowi, Albrecht Kunchler, Enderli Walser, Hans Kläsi uß dem Thon und Albrecht Strebi. Von den bei Nowarra Gefallenen aber waren nach Mitteilung des Linthaler Jahrzitbuch aus der Gemeinde Schwanden: Wolfgang Wichser, Hans Luchsinger, Rudi Fry und Bargi (Bäri, Hilarius) Luchsinger. Fügen wir noch hinzu, daß uns eine früher erwähnte Urkunde von 1385[1]) einen Rudolf Veltmann von Schwanden kennen lehrte und daß bei den Verhandlungen für den Loskauf von Säckingen am 16. Juli 1395 ein Johannes Feldmann den Tagwen Schwanden[2]), ebenso in einer Urkunde vom 17. August des gleichen Jahres[3]) Uolrich Thung und Ruodolff Fry der elter von Zufingen ebenfalls den Tagwen Schwanden, Friedrich Lager und Heinrich Klesin den Tagwen Nitfurn und Ruodolf Dietis die Gemeinde Sool repräsentirten, und endlich, daß ein noch erhaltenes Fragment eines Jahrzitenbuches als Geber und Geberinnen für die Kirche Schwanden Anna Schüblinbach, Rütsch Luchsinger, Clawi Schinibühl, Barbara Schinblerin, einen Hummel und Hans Lager nennt.

Zählen wir alle die Genannten zusammen, so erhalten wir im Ganzen 57 Namen von Bürgern der Gemeinde Schwanden aus der Zeit vor der Reformation. Von diesen 57 Namen fallen 4 auf das Geschlecht der Kläsi, je 3 auf die Geschlechter der Böniger (ab Bönigen), Lager und

---

[1]) Urkundens. I., pag. 296. Wenn eine Notiz im Tagwensbuch Schwanden gestützt auf zitirte Urkunde auch die Geschlechter Vogel, Bürgender und Ruchistein für Schwanden in Anspruch nimmt, so war dieser Schluß etwas vorschnell. Bürgender war Priester in Schwanden (oben Kap. 5, Anm. 1), aber ohne Zweifel nicht Bürger von hier; Rudolf Vogel aber wohnte auch nicht in Schwanden, sondern wahrscheinlich in Linthal. Als „von Schwanden" wird nur Rudolf Veltmann bezeichnet, während über die Herkunft der andern nichts gesagt ist.

[2]) Urkundens. I., pag. 385, vgl. histor. Jahrb. XXIII. pag. 27.

[3]) Jahrbuch für Schweizergeschichte XVIII. pag. 83.

Luchsinger⁴), je zwei auf die Dietrich, Feldmann, Fry (Frei), Schübelbach⁵), Strebi, Thung, Tschudi, Wandel und Zürni, und je 1 auf die Geschlechter Dietis, ob Garten, Hemmerli, Hösli, Hug, Hummel, Keißer, Kelz, Kielliger, Kosti, Kunchler, Matthis, Peters, Rot, Ruß, Schindler, Schinibühl, Schmit, ab Sool, Strub, Süßer⁶), Tösy, Walser, Wart, Wichser und Zimmermann.

Von den heute in Schwanden bürgerlichen Geschlechtern finden sich demnach vor der Reformation erst die Böniger, Feldmann, Hösli, Lager, Luchsinger, Schmid, Strebi, Tschudi, Wart und Wichser für die hiesige Gemeinde bezeugt; es fehlen dagegen in unserer Liste noch gänzlich die heute in Nitfurn und Schwanden so zahlreichen Blumer, die wahrscheinlich erst nach der Reformation in Schwanden einzogen, ebenso die Blesi, die Fluri, die Glarner, die Hefti, die nach ihrer Einwanderung in unser Land wohl in Hätzingen ihre erste Heimat hatten, die Jenni, die Kundert, die Pfendler, die Streiff, die Störi (1388 für Hätzingen-Betschwanden bezeugt), die Trümpi (wohl erst im vorigen Jahrhundert in Schwanden eingebürgert), die Weibel und die Zweifel, aber auch die heute so zahlreichen Wild und die noch zahlreichern Zopfi. Natürlich ist damit nicht behauptet, daß nicht einzelne dieser Geschlechter doch schon damals in Schwanden existirten, wenn sie auch noch durch keine Urkunden oder geschichtliche Thatsachen für hiesige Gemeinde bezeugt werden. Immerhin dient es als Bestätigung der Eingangs aufgestellten Behauptung, wenn von den 57 aufgeführten Namen nur 20 solchen Geschlechtern angehören, die heute noch in Schwanden

---

⁴) Wenn die heute in Schwanden am zahlreichsten vertretenen Luchsinger in obiger Zusammenstellung nur von den Cläsi an Zahl übertroffen werden, so fällt immerhin auf, daß sie unter 56 Namen nur 3 für sich aufweisen und daß die zwei, für deren Erwähnung ein Datum vorliegt, zu den am spätesten bezeugten gehören.

⁵) Ohne daß wir wissen, welcher Gemeinde er angehörte, wird uns bereits 1372 ein „Johans der Schübel am Bach" erwähnt.

⁶) Unter den in Wesen ermordeten befand sich auch ein Rudi Sußer von Betschwanden.

fortleben. Von den heute in Schwanden nicht mehr vorhandenen Geschlechtern mögen einige mit den bei Näfels (Reißer, Süsser) und bei St. Jakob (Kunchler) gefallenen Helden ihre Stammhalter verloren haben, andere mögen in der Zeit der Pest, die 1526 in der Gemeinde Schwanden an die 200 Opfer forderte, ausgestorben sein. Andere wiederum sind, wie die Kläsi, die „uß dem Tan" nach Luchsingen übersiedelten, nach andern Gemeinden und Kantonen ausgewandert. Von den obgenannten heute erloschenen Geschlechtern treffen wir nach der Reformation noch in Schwanden die Thösi und Thung, sowie die erst in allerneuester Zeit durch Auswanderung nach Amerika aus hiesiger Gemeinde geschiedenen Strub, auf Sool die Hummel, in Zusingen die Frei und in Mitlödi die Schübelbach und Mathis.

9. Schwanden während der Reformation.

Am 19. Januar 1523 hat bekanntlich in Zürich die Disputation stattgefunden, in welcher Meister Ulrich Zwingli, wie mit Recht bemerkt worden, „das Programm der schweizerischen Reformation" öffentlich dargelegt hat; die Schlußreden dieser Disputation aber hat Zwingli nachher im Druck erscheinen lassen und den „ehrenfesten, fürsichtigen, wisen Herren Ammann, Rat und Gemeind des Landes Glaris," eingedenk „bewisner Trüw (Treue) und Ehren, mir bi üch angethan" gewidmet[1]). In dieser seiner Widmung an die, die „etwan sine Schäflinen[2]), jetzt aber gnädige Herren und lieben Brüderen", schreibt Zwingli u. a.: „wir werdend gwüßlich bi uns berichtet, wie ihr treffenlich anhebind (beginnet) das Wort Gottes zu üch drucken und bhalten." Am Schlusse seiner Vorrede aber bittet er seine Glarner: „Lassend üch Valentin Tschudi, Kilchherren zu Glaris, Fridolinum Brunner zu

---

[1]) Zwinglis Werke von Schuler und Schultheß, I, pg. 172.
[2]) Seine Pfarrkinder; Zwingli war bekanntlich 1506—16 Pfarrer von Glarus.

Mollis, Joansen Schindler zu Schwanden, Gregorium Bünzli zu Wesen, Kilchherren, und alle, so das Evangelium trülich lehrend und verkündend, empfohlen sin." Ersehen wir daraus, daß der damalige Pfarrer von Schwanden, Johannes Schindler (wohl ein Glarner) schon frühzeitig zu denen gehörte, welche „die Predigt des Evangeliums" sich angelegen sein ließen, so fanden sich in demselben Schwanden allerdings auch verschiedene ange=sehene Männer, die aus religiösen oder politischen[3]) Gründen dem kühnen Prediger am Großmünster in Zürich abhold waren, und von seinen Neuerungen nichts wissen wollten. So meldet Ludwig Tschudi 1523 in einem Brief an Zwingli von dem in Schwanden[4]) residirenden Landammann Jost Tschudi: „Weiter ist in unserm Rat angebracht, daß auf dem Tag zu Baden angesehen worden, die evangelischen Lehren und die Neuerungen zu verbieten und mit samt andern Eidgenossen abzustellen, dessen wir uns doch nicht haben wollen beladen. Wird unser Ant=wort sein: Wir haben Seelsorger und gute Hoffnung, sie geben uns die Wahrheit vor. Wiewohl mein Vetter, Ammann Tschudi, auch andere, mit grausamem Ge=schrei das widerwüten." Und wenn Ammann Tschudi noch vor dem Ausbruch des größten Streites wegstarb (1525), so waren auch nach seinem Tode unter den Ange=sehenen von Schwanden etliche sehr entschiedene Gegner der Reformation, so ein Ratsherr Fridli Tschudi, Vogt Schuler (älter), Vogt Luchsinger u. a. Daraus erklärt sich denn, daß in Schwanden die Durchführung der Refor=mation nicht so glatt vor sich ging, als wie z. B. im Sernsthal (in Matt und Elm) oder auch in Betschwanden. Vor allem sind es die Jahre 1527—32, in welchem diese Kämpfe zum Austrage gelangten.

---

[3]) Wie bekannt, hat sich Zwingli durch sein Eifern gegen das Pensionenwesen und das Reislaufen ebenso heftige Gegner erweckt, als durch seine kirchlichen Neuerungen.

[4]) Valentin Tschudi, 23.

Noch am Pfingstdienstag 1527 hatte die Landsgemeinde den V Orten zugesagt: „Sie wöltind trülich halten die Brüch und Ordnungen der Kilchen, wie von Alter her, auch keim Priester vertragen (gestatten), sölichs in irem Land umzustürzen." Diese Zusage wurde aber, wie Valentin Tschudi meldet[5]), von etlichen Pfarrern unseres Landes, als zu Schwanden, Betschwanden und Matt, „nit gehalten, sonder die frevenlich wider die Meß, Sakrament des Lybs Christi und ander Ordnungen schruwend" (schrieen), so daß „viel Zank in unserm Land entsprang;" denn die genannten Pfarrer hatten bereits einen großen Anhang gewonnen, während die andern meinten, man sollte nun bei der gegebenen Zusage bleiben und der Rat, in welchem die Altgläubigen vorderhand noch die entschiedene Mehrheit bildeten, den genannten Pfarrern deshalb einen ernsten Verweis erteilte. Schindler und seine Genossen ließen sich aber auch dadurch nicht abhalten, in bisheriger Weise fortzufahren, und gaben dadurch Anlaß zu „allerlei Unwillen und mancherlei Reden."

In Folge solcher Reden kam es denn auch am 3. Oktober desselben Jahres (1527) in Schwanden zu einem Auflauf. Es hatte sich das Gerücht verbreitet, die „unden im Land" (wohl vor allem die Näfelser) wollten durch einen nächtlichen Handstreich die vorgenannten Geistlichen, wohl vor allem Pfarrer Schindler in Schwanden, gefangen nehmen und wegführen. Obschon dieses Gerücht der Wahrheit entbehrte (denn „niemand in Sinn kommen war"), zogen „nüt bester minder, die so benen Pfaffen anhangeten, gemeinklich (gemeinsam) nachts gen Schwanden mit Harnisch und Gewehren, welichs in unserm Land nit zimlich brüchlich war. Auch die nit uff irer Siten warent, kamen zusammen, aber ohne Gwehr, in Namen zu scheiden." Der Ammann, dem das Geschehene mitgeteilt wurde, schickte sofort den Landweibel nach Schwanden mit der Versicherung, daß an dem Anschlag der Unterländer nichts

---

[5]) Valentin Tschudi 70.

sei. „Also wurdent sie gestillet"; und lief es für dies Mal gnädig ab; dagegen zeigt der Vorfall, wie erregt damals die Leute waren, und anderseits nahm der den Neuerern abholde Rat von diesem Vorgange Anlaß zu einem Schritte, der neue Unruhe und Aufregung verursachen mußte.

Der „uff den nächsten Zinstag" einberufene zwyfache Rat fand nämlich, an solcher Unruhe seien „die obgenampten Pfarrer mit ihrem frevnen Uftriben" schuld und beschloß deshalb, „sie sollten uß dem Land schweeren"⁶). Da ihr „Anhang groß war und sich wild gestellt", wie sich begreifen läßt, entstand neue Unruhe, und wurde der Rat dadurch veranlaßt, die Sache noch ein zweites, drittes und viertes Mal zu überdenken, ehe es zur Ausführung kam. Bei der vierten Beratung ließ er sich auch dazu bewegen, ihnen den Eid nachzulassen, worauf die drei Pfarrer — und mit ihnen auch derjenige von Linthal — sich bewegen ließen, um noch größerem Streit vorzubeugen, freiwillig aus dem Lande zu ziehen, von ihren Anhängern an Zwingli in Zürich zur Fürsorge bestens empfohlen⁷).

⁶) Valentin Tschudi, Nro. 71 („auß dem Land weichen und solches abschwören", Heinr. Tschudi, pag. 393.)

⁷) 1529 Januar treffen wir Johannes Schindler als Pfarrer von Weesen, von wo aus er Zwingli meldet, daß sie sich in Wesen unterstanden, die Abgötterei, auch alle andern Mißbräuche zu ändern, und Willens seien, so Gott will, am nächsten Sonntag die Götzen zu verbrennen. Ihre Herren werden allerdings dagegen protestiren und frägt Schindler den Zwingli deshalb um Rat, was zu thun sei. „In weltlichen Händeln, das unserer Herren Herrlichkeit antrifft, wollen wir schuldig und gehorsam sein, für und nicht hinter, ob Gott will. Thut uns etwas zu wissen, aber jetzt auf Sonntag." Zwingli: Opera VIII, pag. 260. Ein Streit Schindlers mit dem Pfarrer von Rapperswil (dieser soll behauptet haben, Schindler habe wie ein Dieb und Schelm gepredigt) führte zu langen Verhandlungen zwischen Zürich und den andern reformirten Städten, die für Schindler lebhaft eintraten, einerseits, und Rapperswil und den katholischen Orten, welche die Sache an den Bischof von Constanz wiesen, anderseits (Strickler, Aktensammlung zur Reformationsgeschichte). Während die Verhandlungen hin- und hergingen, starb Schindler.

Damit war aber der Streit keineswegs zu Ende, indem die Ersatzwahlen, die für Schindler und seine Genossen zu treffen waren, neue „Uneinigkeit und Zänk" hervorriefen: „dann der Merteil hettend gern ghabt von der nüwen Sect; das wolt man nit lyden." „So warend", wie Val. Tschudi bemerkt, „die dry Kilchhörinen, nämlich Schwanden, Betschwanden und Matt, ohn Priester." Da Schwanden in jener Zeit neben seinem Pfarrer auch einen Kaplan hatte, der allerdings zum voraus die St. Wendelskapelle (o. Kap. V) zu versehen hatte, weiß ich nicht, ob vorstehende Bemerkung dahin zu verstehen ist, daß zu gleicher Zeit auch die Kaplanei vakant gewesen, oder ob sich das nur auf die Pfarrstelle selbst bezogen. Da Ludwig Rösch, der 1526 nebst Fridolin Brunner der Disputation von Baden beigewohnt, wohl schon damals zum neuen Glauben hinneigte, während der 1528 in der St. Wendelskapelle amtirende Kaplan, wie wir bald hören werden, als entschiedener Parteigänger der „Altgläubigen" gelten darf, so ist es immerhin wahrscheinlich, daß auch Ludwig Rösch damals von Schwanden schon fort war und die beiden vakanten Stellen dann so besetzt wurden, daß an die Kaplanei ein Altgläubiger berufen wurde, während Schindler wieder durch einen „Neugläubigen" ersetzt ward: Pfarrer Peter Rümelin von Constanz.

Im Jahr 1528 trat infolge der Berner Disputation in gesamter Eidgenossenschaft eine entschiedene Wendung ein, indem fortan nicht mehr Zürich allein die Sache der Reformation vertrat, sondern das mächtige Bern sich ebenfalls ans Werk machte, daß „sie die Meß, die Bilder, den geistlichen Stand und in summa die ganz alt Ordnung abkanntend"[8]). Dadurch erhielten auch anderwärts die Freunde der Reformation neuen Mut und Antrieb zum Handeln. Auch im Lande Glarus ward „das durch die vertriebnen Predicanten angezündte Füwr (Feuer) merklich geschürt durch den Handel zu Bern". So wurden in der

---

[8]) Val. Tschudi, 78.

Kirche zu Matt etliche Bilder zerschlagen. Am Freitag nach Mathys aber „brachend in der Nacht etlich zuo Schwanden in die Kilchen und trugend drus den Merteil Bilder und wurfend sie in die Linth, zerbrachend die Fanen, vertrugend die möschinen Kerzenstöck." „Uß solchen Händlen entsprang nun ein großer Unwillen im Land, dann biß der Zusagung, so min Herren davor den Eidgenossen getan, gar unglych war." Da ein zwyfacher Rat, am Zinstag nach der alten Fasnacht versammelt, nicht von sich aus gegen die Schuldigen vorzugehen wagte, rief er „uff Sonntag Oculi, war der 15. Tag Merzen", eine Landsgemeinde zusammen, beschloß aber, um eher eine Mehrheit für den Antrag der Altgläubigen zu erhalten, zum voraus, daß „weder Dienstknecht, Hintersäß noch Pfaffen" teilnehmen dürfen. Vogt Tolder von Näfels beantragte, die voriges Jahr gegebene Zusage zu erneuern; Hans Wichser uß der Rüti dagegen kam „mit verdeckten Essen: man sollte in unserm Land in jeder Kilchhöri ein Prebicanten han[9]); wo dann zwo Pfründen wärint, möcht einer darnebent Meß han; sin Meinung war aber luterisch". Zwei große Mehre standen sich gegenüber, so daß abgezählt werden mußte. Mit einer Mehrheit von 33 Stimmen wurde Tolders Antrag, für den Schultheß Hug von Lucern eindringlich gesprochen, nochmals zum Beschluß erhoben, aber „schlechtlich gehalten". So wurde noch an demselben Tag, obwohl es Fastenzeit war, zu Schwanden „ein Kalb gegessen"; und wenn der zwiefache Rat, dem solches angezeigt wurde, das Fastengebot erneuerte, mit Androhung einer Buße von 5 ℔, so geschahen dennoch weiterhin „große Verletzungen mit Fleischfressen zu verbottenen Ziten".[10]) An der nächsten Landsgemeinde aber war die Minderheit vom 15. März zur Mehrheit geworden; diese beschloß am 3. Mai zunächst, daß auch „all Hintersässen an der Gmeind mochtend minderen und meren"; und

---

[9]) einen dem neuen Glauben zugethanen Prediger anstellen.
[10]) Val. Tschudi, N. 83.

daraufhin war ihnen dann ring (leicht) zu weren; denn die Hintersässen machtend das Mer". Dagegen erhoben nunmehr die Altgläubigen, unterstützt von den V Orten Einsprache, indem sie auf die frühere Zusage, beim alten Glauben verbleiben zu wollen, sich beriefen und darauf gestützt die Sache an die Tagsatzung brachten. Die drei Schiedsorte Basel, Schaffhausen und Appenzell versuchten (10. August 1528) eine Vermittlung; sie schlugen ihnen vor, daß das Vergangene nicht weiter berührt werden, sie dagegen wieder gute Nachbarn und Freunde sich sein sollten; in Elm und Matt, wo seit langem keine Messe mehr gelesen worden, solle sie abgeschafft bleiben; in Schwanden ebenso wie in Betschwanden, wo ja zwei Priester angestellt seien, solle der eine das Gotteswort verkünden, der andere Messe halten; in den andern fünf Kirchen aber, wo man noch predigt und Messe hält, wie von Alters her, soll es auch ferner so bleiben. Allein auch dieser "Vorschlag zur Güte" ward verworfen und zwar von beiden Teilen. Die Neugläubigen fühlten sich nunmehr in Mehrheit und hielten die gemachten Konzessionen für unzureichend, die Altgläubigen aber meinten, "sie könnten und würden niemals zur Ruhe kommen, wenn sie mit zweierlei Glauben haushalten müßten."[11]) Die Folge war, daß eine Zeit lang alles sozusagen "außer Rand und Band" ging, indem man "ohne Gericht, ohn Rat, ohn Straf blieb." Wie die Dinge speziell in Schwanden stunden, zeigt uns ein Brief des schon genannten Pfr. P. Rümelin. Derselbe schrieb nämlich unterm 11. November 1528 an Zwingli:

"Gnade, Glaube und Stärke Gottes mehre sich allezeit bei Euch, lieber Meister Ulrich! Euer tröstlich Schreiben, welches Ihr mir geschickt, hat mich größlich hoch erfreut, und in täglichem Anlaufen, so mir mit allerlei Schmach und Scheltung um des Namens Gottes willen begegnet, gestärkt. Denn ich Unbill und Verachtung nicht

---

[11]) Salat, pag. 187.

allein meiner Person, sondern der Lehre und Prebig halb für und für hören und leiden muß. Keine Frefel noch Muthwillen, wie groß sie immer sind, werden gestraft, denn das Regiment, Gericht und Rath sind aufgehebt, durch welches der Gedrängte sollte beschirmt werden. Darum ohn alle Furcht des Rechten üben sich die Böswilligen mit Practiken, Rathschlägen, Dräuung täglich gegen den Gut= willigen und erdenken allerlei seltsame Fünde. Haben auch jetzt neulich Verwilligung von ihnen erlangt, alles so zu der Kirche und Gottesdienst gehört hat, und die Alten Gott zu Lob dazu verordnet haben, gleichling mit einand zu theilen[12]). Doch soll es noch alles bis zu Weihnacht in der Kirche bleiben, samt den Altären und Götzen, darnach jeder seinen Götzen herausnehmen: also würde die Kirche zertheilt und ihrer Zinsen und Gülten beraubt. Das allergrößte aber, zu fürchten, daß eine neue Abgötterei mit Meß haben in einer Kapelle, nicht weit vom Dorfe, erwachse; denn schon jetzt die Gottlosen sich absöndern und ihren päpstlichen Tauf durch einen gottlosen Pfaffen, Kaplan gewesen, brauchen und mit Gewalt beschirmen. Auch bin ich von etlichen Gläubigen angelangt, das Nachtmahl Christi auf künftige Weihnacht mit ihnen zu halten; weil aber noch so große Spaltung, Zweitracht und wenig Besserung ist, weiß ich nicht, was ich thun soll. Bitte Euch freundlich, Ihr wollet mir in diesen Dingen Euern treuen Rath geben, damit die Ehre Gottes und gemeiner Nutz gefördert werde. Lieber Meister Ulrich, ich sag Euch großen Dank aller Müh und Arbeit, so Ihr von meinetwegen, besonders des Briefs halb, gehabt habet, auch um das geschenkte Buch, darin die Kraft der Wahrheit und Glaubens, Ohnmacht der Lüge und Gleichsnerei von allen Gläubigen wol mag er=

---

[12]) Bereits im Vermittlungsentwurf vom 10. August 1528 war allerdings für die beiden Geistlichen von Schwanden, von denen der eine das Gotteswort verkündigen, der andere Messe halten sollte, vor= geschlagen: Jedem der beiden Geistlichen sollen die Kirchgenossen einen gleichmäßigen Gehalt ausrichten.

kennt werden. Erbiete mich Euch allzeit ein williger Diener; damit seit Gott befohlen. Datum, Schwanden 11. Nov. 1528.

Magnus Wichser heißt Euch fast (sehr) grüßen, bei dem bin ich zu Herberg.

Petrus Rümelin, Euer williger."

Dieses Schreiben des eifrigen Pfarrherren von Schwanden, dem die am alten Glauben Hangenden, die ihre Kinder in der St. Wendelskapelle taufen lassen, als die „Gottlosen" erscheinen, zeigt, wie schroff damals die Parteien sich gegenüberstanden. Wir wundern uns deshalb keineswegs, daß, ehe das Jahr zu Ende ging, die gegeneinander verbitterten Geister neuerdings aufeinander platzten. Valentin Tschudi, der schon geglaubt hatte, für das Jahr 1528 in seine Chronik nun des Traurigen genug eingetragen zu haben, mußte seinem Bericht noch drei neue, nicht minder traurige Stücke (111—113) beifügen:

„Ich hatt dis Jars beschlossen der Taten halb unsers Lands; dann so das nüw (neue) Jar nachet, verhofft ich, Gott sölt ein benüegen han[13]) einmal, dann wir dis Jars vil zu vil Widerwertigkeit erlitten hatten; so stüret der Tüfel noch immerdar und schüret das Füwr (Feuer), so er angezündt hat. Zu Schwanden, als sie dann trefflich zweyig (entzweit) waren des Glaubens halb, und wiewohl der Nüwchristen[14]), Teil da übertraf[15]), nüt desto minder warent uff der anderen Siten so vil tapferer Lüten, daß sie nit underwunden (wagten), die Kilchen zu plündern, wie an anderen Orten geschehen. Und so etlich Mal darum geratschlaget, war das Zil (Beschluß), daß derwil alle Kilchenzierden bis Wiehnacht bliben solten, ob derwil der Landszweyung ein Ustrag geben wurd. In dem, so nun die Wiehnacht nachet, und noch kein End unserer Zwitracht geben war, da der Nüwglöubigen etlich

---

[13]) es sollte nun nach Gottes Willen genug sein.
[14]) der neuen Christen (=Neugläubige, Reformierte).
[15]) sich in der Mehrheit fanden.

tröwten (drohten), dann die Kilchen zu plündern, dargegen die anderen (oder) alten Christen deß gar unlybig waren; zu Verhütung größeren Schadens kam zu ihnen uff Sonntag, war nächst vor St. Thomanstag (21. Dezbr.), unsers Lands Ammann und mit ihm von alten Christen Bernhart Heer, unsers Lands Seckelmeister, und Uoli Stucki von Urnen. Von denen nun wurbent sie ermant, daß sie von Ruowen (Ruhe) wegen, dieweil unser Span noch kein Ustrag hatte, die Kilch by iren Zierden bliben ließent. Alba warb ihnen verheißen, daß sie noch ein Monat alles wölltend stan lassen, doch daß die anderen iren Predicanten in der Pfrund Hus in Ruowen und Frid woltind sitzen lassen; dann er bis dahin nit dorft darin sin, sondern hat sich ein gut Wil im Ton enthalten. Solch warb nun angnon [16])".

Landamman Aebli und Landseckelmeister Heer hatten ohne Zweifel nur mit den Männern von Schwanden verhandelt, sie hatten deshalb, wenn sie von ihrer Friedensvermittlung mit der Hoffnung heimkehrten, die Ruhe wenigstens wieder für einige Wochen hergestellt zu haben, die Rechnung ohne den Wirt — d. h. ohne die **Frauen** von Schwanden — gemacht. Denn wenn die Männer nicht Hand anlegen wollten, die Bilder aus der Kirche zu entfernen, so thaten's hinter ihrem Rücken die Frauen. „Morndeß, war an St. Thomastag, so der Merteil Mannen gen Glarus zu Merkt warend, giengend etliche unrüewige Wiber in die Kilchen und zerschlugend vil Bilder, welches nun die Altgläubigen schwer verdroß."

„Also uff S. Johanns Tag (27. Dezbr.) so ihr Predicant [17]) sie beruft hatt, daß wer sy könnd bewisen, daß er gelogen hett, söll nach dem Morgenbrot in die Kilchen kon (kommen). War gar ein finer Fund; dann wo könnt der schlecht Ley [18]) die Geheimnuß der Schrift usleggen und die anderen urteilen, so zu vil parthyisch

---

[16]) angenommen.
[17]) der neugläubige Geistliche (Rümelin).
[18]) ein schlichter Laie.

waren? In dem, so der Prebikant in der Kilchen sin Pracht füert, zogend etlich jung Gsellen mit einem Trummler um die Kilchen. Und dieweil ir Gegenteil[19] ir Zusagung, dem Ammann getan, nur ein Tag gehalten hattend, giengend sie in des Predicanten Hus und zerschlugend den Ofen und die Fenster. Und da die Predig us war, hattend die in der Kilchen vor (für) alle Ding grüst und zerschlugend alle Bilder und Altär. So nun die andern das sachend, nahmend sie all Kallen us den Gloggen, zerschlugen die Himmlezen[20]) in der Kilchen ganz und gar, zerbrachen das Zit[21]) und waren der Meinung, den Turn und die Kilchen gar zu entdecken (abdecken). In dem, so sie die Nacht darvon treib, kam der ungeschickt Handel unserem Ammann zuo; dann es zu besorgen war, der Landsfrid, den jedermann gegen einanderen hatt, der noch bisher ufgehalten[22]) ward, möchte zuletzt auch nit helfen. Also ritt der Ammann und alt Vogt Ludwig Tschudi zu inen gen Schwanden vor Tag; die gestilleten die Sach abermals."

Hatte das Jahr 1528 noch in der letzten Woche stürmische Tage gebracht, die nicht bloß den frieblicher Gesinnten in Schwanden gewiß leid genug thaten, die auch unserm Landammann, dem durch seine Friedensliebe ausgezeichneten Hans Aebli, bange Sorgen machten, so deutete auch der Anfang des neuen Jahres noch nicht auf Frieden. Wie Val. Tschudi gleich vorhin uns berichtet, hatte Pfarrer Rümelin seine Widersacher aufgefordert, ihn in öffentlicher Gemeinde zu überweisen, so er etwas Falsches gelehrt hätte; und er hatte wohl auch schon darauf gezählt, daß, wie auch Val. Tschudi voraussetzte, niemand es wagen würde, dem schriftgelehrten Prädikanten entgegenzutreten. Er sollte sich doch verrechnet haben. Denn „da die Nüwglöuwigen ein groß Geschrei darus

---

[19]) ihre Gegenpartei, die Neugläubigen.
[20]) Decken über Bildern. Geräten ꝛc., Traghimmel.
[21]) wohl erst eine Sonnenuhr, deren Zeiger sie zertrümmerten.
[22]) aufrecht erhalten, beachtet.

machtend", stach das den altgläubigen „ehrsam Fridli Tschudi von Schwanden, des Rats zu Glarus", daß er ihnen diesen Ruhm nicht lassen wollte; da er „am vorbrigen Tag von anligender Geschäften wegen nit erschinen mocht", folgte er am „Sonntag darnach, war der 3. Tag Jenner", der an alle ergangenen Einladung des Prädikanten und „beklagt ine etlicher Lugen und that darum Gschrift[23]) dar und empfalch die Urtel der Sach allen Gutwilligen und dem Rechten; darum er den Ammann anruft; war aber bi uns noch weder Gricht noch Rat."

„Des Tags, als man Lugenmüler findt, denen das (besser) ist mit Unruow, dann mit Ruow, entsprang aber in unserm Land ein großer Lermen; denn so ein Red usgangen war, wie die von Näfels die Pfaffen rächen wölten, die unserer Unruow Ursächer waren, luffen die Nüwglöubigen zu Schwanden all zusammen mit Harnisch und Wafen, und der anderen auch etwan vil; denn sie wußtend nit, was ir Zusamenlaufen bedütet. In dem erfuhr unser Amman die Sach, daß niemands vorhanden wär, der inen der Pfaffen halb widerdrieß[24]) zufügen wölt, und stellt sie zu beiden Teilen güetiklich ab."

Vielleicht hatten eben diese Ereignisse in Schwanden mit den Beweis geleistet, daß es nötig wäre, Ordnung zu schaffen und wieder Gericht und Rat zu halten; und in der That gelang es daraufhin dem für des Landes Frieden unermüdlich thätigen Landammann Hans Aebli, noch im Laufe des Januar die beiden Parteien zusammen zu bringen, so daß fortan Gericht und Rat wieder gehalten und von beiden Parteien anerkannt wurden. Im April desselben Jahres kam es dann auch in Rücksicht auf die Ordnung der kirchlichen Angelegenheiten zu einem billigen Vergleich, demzufolge es jeder Kirchhöri anheimgestellt wurde, Bilder und Messe beizubehalten oder aber sie abzuschaffen. Daß in Schwanden die Mehrheit sich für

---

[23]) Beweisstellen aus der h. Schrift.
[24]) Verdruß.

letzteres entschied, ist uns nach dem Vorausgehenden nicht zweifelhaft. Von allen neun Kirchgemeinden behielten nur noch Glarus, Linthal und Näfels Bilder und Altäre in ihren Kirchen. Leider wurde dann aber schon im Mai des folgenden Jahres dieser löbliche Grundsatz, der jeder Kirchgemeinde freie Wahl ließ, aufgegeben, indem beschlossen wurde, es müssen auch die Kirchen von Näfels, Glarus und Linthal innert 14 Tagen „gerumt und den andern glichsförmig gemacht" werden (d. h. auch hier müssen Meß und Altäre entfernt werden.) Es war deshalb eine verdiente Strafe, gegen die sich nichts einwenden ließ, daß im folgenden Jahr, 1531, nach dem für die Reformation unglücklichen Ausgang des zweiten Kappelerkrieges die Altgläubigen verlangten und es auch durchsetzten, daß nicht bloß in Glarus, Näfels und Linthal der katholische Kultus wieder hergestellt, sondern daß auch Schwanden verhalten wurde, die Messe wieder einzuführen. So wie die Dinge damals lagen[25]), durfte Schwanden zufrieden sein, daß ihnen wenigstens gestattet wurde, daß neben dem wieder einziehenden Meßpriester auch ein evangelischer Geistlicher weiter seines Predigtamtes warten dürfe. „Zum dritten", bestimmte der Friedensvertrag vom 21. November 1532, „so söllend sich die Landlüt von Schwanden zu beiden Teilen in Monatsfrist nächstkommend mit Meßpriestern und Predicanten versechen, und welcher Teil uff ernampt Zil sinen Priester oder Predicanten nit habend, mögent die so einen darzwüschend angenommen, in uffstellen, und ob si sölich Priester oder Predicanten vor sölichem Zit haben entlichen[26]) mögent, söllent sie die zu beiden Teilen ungeschwächt des Glaubens uffstellen."

[25]) „Nach dem Krieg der Eidgenossen folget eine wunderbare Veränderung aller Dingen. Denn wie die von Zürich mit irem Anhang vorhin den Pracht bhieltend, in allen Handlungen muoßtend sich die 5 Ort schmucken. Jetzt dann fuorend sie fürwerts mit ihrem Pracht, und die anderen moußtend sich niderlan". Val. Tschudi, 268.
[26]) entlehnen.

Daß Meister Rümelin sich zum voraus in diese neue Ordnung der Dinge nicht wohl schicken konnte, und deshalb etlich ungute Worte dawider geredet, die „ihm gar hoch gefaßet wurden", begreifen wir nach dem früher Mitgeteilten gar wohl; deshalb ward „der Predicant von Schwanden, von Ruowen wegen, uß dem Land gewisen".[27]) Die glarnerischen Gerichte hatten, wie wir den eidgenössischen Abschieden (IV, 1390. 1398) entnehmen, ihn für seine „ungeschickten Predigten" nur um 10 Pfund gestraft; in Luzern und der Orten fand man aber, einen solchen Gotteslästerer, der so gröblich wider den neuen Frieden gehandelt, hätte man an **Leib und Leben** strafen sollen und wird deshalb nach einer in Luzern am 17. August getroffenen Abrede an der darauf folgenden Tagsatzung in Baden (4. September 1532) Glarus das ernstlichste Mißfallen ausgesprochen, „daß es den Prediger zu Schwanden, der so ungebührlich und unchristlich gepredigt, allzu gelinde gestraft, darum wird es ermahnt, denselben nach Verdienen zu strafen, damit man auch sehe, daß er gestraft sei[28]), und daß Glarus den Landfrieden und seine Zusagen halten wolle." Unter den damaligen Zeitverhältnissen blieb Glarus wohl kaum etwas anderes übrig, als „ um des Friedens willen darin nachzugeben, daß der gar verhaßte Prädikant zu Schwanden das Land räumen solle" (22. Nov. 1532); immerhin mit dem schriftlichen Zeugnis, daß er „redlich und ehrlich" gedient. Daß es

---

[27]) Das Nämliche geschah ihm nachher auch in Zurzach und Frauenfeld, worauf er das Gebiet der Eidgenossen gänzlich verließ. Schuler und Schultheß, Zw. op. VIII, 237.

[28]) In einer Rechtfertigungsschrift der „Landlüten, so anhangen dem göttlichen Wort", heißt es u. a.: „Daß aber der Predicant von Schwanden siner Predig halb spöttlich gestraft, können wir die Zwölf, die ihn und ander gstraft, nüt lernen; dann sie das bi ihren Eiden gethan; und ob er fit dem Wettschlag aber (wieder) wider sölichs Mandat predigt, das gend (geben) wir im Namen Gottes den Zwölfen aber heim; die können und mögent ihn und ander nach sinem Verbienen wol strafen, vermeinten auch den Zwölfen, was sie uf ihr Eid geurteilt, nüt zu Spott gerechnet werden söllt." Stricker, Aktensammlung zur Reform.-Gesch. IV., pag. 698.

aber auch nach seinem Wegzug in Schwanden Leute gab, denen der konfessionelle Frieden nicht sonderlich am Herzen lag, beweist ein Vorgang, den Valentin Tschudi noch aus dem Jahr 1533 erzählt. Unter dem Titel „Insolenz (Frevel) zu Schwanden" berichtet derselbe (296) nämlich: „In unserm Land war es ein Wil ziemlich gut und rüewig, Zänken halb, daß man auch den Frieden abließ[29]), der etlich Jar gemeinklich[30]) gebotten war, daß jedermann gegen anderen in Frieden stünd. Nachwerts hubend sie wiederum zu Schwanden ihre alte Wis an, zu hadern und zu tratzen. Etlich mutwillig Gesellen trugend den Predigtstuhl uß der Kilchen heimlich in ein Matten ushin, und so solichs (solches) geklagt ward eim Rat, man söllt sie darumb strafen und verschaffen, daß sie den wieder in die Kilchen antwurtind[31]), da man wohl innen wurd, wer sölichs gethan, ward er darnach witer getragen und zerschlagen. So ward von etlichen nach Ruwen gestellt, daß nun zu viel Zänggen Ursach gab." Wie es aber den Schwandnern mit ihrem Meßpriester ergangen und wie sie desselben auch wieder entbunden worden, davon werden wir bald weiter hören.

10. Schwanden als Ort der Landsgemeinde.

Schwanden muß sich bekanntlich etwa als „moralischen Vorort" schelten lassen. Wenn ich recht berichtet bin, ist dieser Ausdruck in den sturmbewegten 1830er Jahren aufgekommen, ich weiß aber nicht, ob er sein Dasein einem Bürger von Schwanden selbst verdankt, der damit in stolzem Selbstbewußtsein den Ruhm seiner Gemeinde verkündet hätte, oder ob er in der Hauptstadt entstanden,

---

[29]) Das außerordentliche Friedgebot wieder aufhob (wer trotz „gebotenem Frieden" Streit erregte, Scheltungen sich zu Schulden kommen ließ, zog sich verschärfte Strafe zu).

[30]) allgemein, für alle Landleut. (In gewöhnlichen Zeiten wurden nur Einzelne, die wider einander in Streit geraten waren, in Fried gerufen.)

[31]) zurückbrächten.

um der Rivalin am Zusammenfluß der Linth und des Sernf eins zu versetzen. Sei dem, wie ihm wolle, eins ist sicher, daß in vorigen Jahrhunderten die Gefahr für Glarus nicht ganz ausgeschlossen war, es möchte Schwanden neben Glarus eine Art zweiten Hauptortes werden. Nur das Recht des beati possidentis, d. h. der Umstand, daß Glarus zuerst eine Kirche hatte, und damit in kirchlichen Dingen den Mittelpunkt bildete, und daß anderseits die altgeheiligte Gerichtsstätte „unter der Eiche" in Glarus sich fand, konnte es von Glarus abwenden, daß ihm Schwanden den Rang ablief. Wer die Karte des Landes Glarus zur Hand nimmt und die Entfernungen von Linthal und Elm bis Bilten ausmißt, der wird ja leicht herausfinden, daß Schwanden dem Mittelpunkt des Kantons zum mindesten ebenso nahe liegt als Glarus. Eben dieses letztere war denn jedenfalls der Grund, daß wenigstens die Landsgemeinden des XV. Jahrhunderts in der Regel in Schwanden statt hatten. So heißt es im Eingang zum ältesten glarnerischen Landsbuch (auf dem Landesarchiv erhalten, eine Pergamenthandschrift mit hölzernem, messingbeschlagenem Einband und dem Titel: „Das Landsbuoch zuo Glaris"): „Wir der Landammann und die Landlüt gemeinlich zu Glarus tund kund allermäniklichem, daß wir am Sunnentag vor ingändem Meyen[1]) bi einanderen ze S c h w a n d e n in unserm Land gewesen sind in dem Jahr, do man zalt von der Geburt Christi unsers Herrn 1448. — — — Item des Ersten sol järlich uff Suntag vor ingändem Meyen oder daselbs, wenn es von einem Landtamman oder sinem Gewaltsbotten verkündet wird, eine ganze Gemeind gen Schwanden kommen."

Wie u. a. eine Urkunde vom 12. Febr. 1419 zeigt[2]), tagten auch nicht bloß die Landsgemeinden in Schwanden,

---

[1]) Sonntag vor eingehendem (beginnenden) Mai = letzten Sonntag des April.

[2]) Urkundenf. I., pag. 567. Es handelt sich in fraglicher Urkunde nicht, wie Hr. L. B. in seinem Korreferat annahm, um einen Prozeß,

sondern hielten ab und zu auch **Ammann und Rat** — allerdings wohl nur ausnahmsweise — ihre Sitzung ebendort.

Daß aber auch in der ersten Hälfte des 16. Jahrhunderts, in der im vorausgehenden Kapitel behandelten Periode, die Landsgemeinde noch meistens in Schwanden zusammentrat, zeigt uns Valentin Tschudis Chronik der Reformationsjahre, und deswegen erlaubten wir uns, dieses Kapitel von den Landsgemeinden, das ins 15. Jahrhundert zurückreicht, und bis ins 18. und 19. Jahrhundert vorausschaut, an dieser Stelle einzuschalten. Valentin Tschudi hat für die Zeit von 1523—32 nicht weniger als 29 Landsgemeinden zu erwähnen. In neun Fällen ist nicht erwähnt, wo sie stattfand; in zwölf Fällen ist ausdrücklich Schwanden als Ort ihrer Besammlung bezeichnet; von drei weiteren Landsgemeinden heißt es, daß sie stattfanden „in Heini Freulers Gut zu Däniberg", also ebenfalls bei Schwanden, und von weitern zwei „ob Mitlödi in der Rufi", also jedenfalls auch nicht weit vom Däniberg; und nur in drei Fällen sammelten sich die Herren Landleute in Glarus; aber auch von diesen drei Landsgemeinden hätte eine, diejenige vom 13. Oktober 1531, eigentlich auch in Schwanden stattfinden sollen; denn während die Landsgemeinde nach Schwanden einberufen worden und dortselbst zu tagen gedachte, lief man — es war in den Tagen des zweiten Kappelerkrieges, zwei Tage nach der Schlacht bei Kappel, durch welche auf einmal die politische Situation eine gewaltige Änderung erfuhr und „niemand wußte, wo er Fründ oder Fiend hatte" — „als in einem Sturm mit Gewehr und Harnisch zusammen nach Glarus und ward ein Gmeind gehalten am Sand unter den Linden."

der „am Orte des Streitobjektes" abzuwickeln war, sondern um einen politischen Akt, ein Schreiben, durch welches Ammann und Rat von Glarus Zürich vorschlugen, es sei der Streit zwischen einigen seiner Landleute und den Grafen von Toggenburg durch den Rat von Schwyz zu entscheinen.

1543 trat dann eine Änderung ein, indem nach Mitteilung eines alten Landsbuchs bestimmt wurde, daß die gemeine Landsgemeinde zu Glarus, die aber um die Aemter zu besetzen zu Schwanden gehalten werde; ob diese Aenderung im Zusammenhang mit den Religionsstreitigkeiten stund, d. h. ob es eine Konzession an die Partei der Altgläubigen bedeutete, die in dem ketzerischen Schwanden sich nicht mehr recht behaglich fühlten, oder ob andere Gründe bestimmend waren, weiß ich nicht. Achtzig Jahre später, 1623, wurde sodann durch den damals in Folge eidgenössischer Vermittlung beschlossenen Landesvertrag, der für die Gesetzgebung eine allgemeine, paritätische Landsgemeinde beibehielt, dagegen für die Besetzung der wichtigsten Landesämter zwei konfessionelle Landsgemeinden schuf, die Sache dahin geordnet, daß die gemeine Landsgemeinde in Glarus, die katholische in Näfels und die evangelische in Schwanden, dem Vorort des reformierten Standes [3]) abgehalten wurde. So hatte denn Schwanden 1623 bis 1836 die Ehre, jeweilen am letzten Sonntag des April die Landleute evangel. Konfession bei sich versammelt zu sehen.

Da Schwanden kein Rathaus besaß, versammelten sich Landammann und Rat und Gerichte nebst „den wohlehrwürdigen Mitgliedern des Ministerii" im „Adler", (früher dem alten „Löwen") und zogen dann „meine gnädigen Herren und Obern" unter dem Geläute der Glocken, im Dreispitz und mit dem Degen, nach dem Landsgemeindeplatz. Hier wurden — und zwar seit 1669 — die Verhandlungen jeweilen durch eine Predigt eröffnet, für welche die Synode den Prediger ernannte. Etliche dieser Landsgemeindepredigten sind nachher im Drucke erschienen, von denen eine kleinere Zahl sich noch vorfindet.

---

[3]) Einen ehrwürdigen Zeugen dieser seiner einstigen vorörtlichen Stellung besitzt Schwanden noch in seinem alten Pulverturm, der nunmehr als Gemeindearchiv noch dient.

Da seit der Religionstrennung von 1683 die konfessionellen Landsgemeinden nicht nur die wichtigsten Wahlen zu treffen hatten, sondern nunmehr auch ein bedeutendes Stück Gesetzgebung bei ihnen stand, außer den konfessionell-kirchlichen Fragen und den damit im Zusammenhang stehenden Armen-, Ehe- und Schulsachen auch die Entscheidung über Pensionen und Friedensgelder, über „Wehr nnd Waffen" den konfessionellen Landsgemeinden zukam, so hat Schwanden auch manche erregte Landsgemeinde mitangesehen. Ich erinnere an die Landsgemeinde von 1775, an welcher der „Brigabierhandel" die Gemüter in gewaltige Aufregung versetzte und die Landsgemeindedemokratie eine arge Ausschreitung, einen Übergriff in das Amt des Richters sich gestattete, an diejenige von 1765, an welcher Pfr. Steinmüller von Matt durch seine bekannte, originelle Verteidigung die gegen ihn erweckte Mißstimmung so trefflich zu besiegen wußte, daß „bei solcher Entschuldigung die Herren Landleute sich gesättiget und das Vergehen durch ein einhelliges Mehr nachgesehen haben" (Landsgemeindeprotokoll), und an die Landsgemeinde von 1745, welche uns den bekannten „Dänibergerbrief" von 1746 gebracht hat. Wie das Landsgemeindeprotokoll vom 28. April 1745 meldet, war „an dieser Landsgemeinde, welche sehr ungestühm, per majora erkennt und ermehrt, daß zu Abhelfung aller Ohnanständigkeiten für das könftige Jahr die Landsgemeinde im Däniberg solle gehalten und dann als der erste Punkten beratschlaget werden, wo solche für das Künftige solle gehalten werden." Am 27. April 1746 wurde dann aber „nach Anleitung der vor einem Jahr ausgestellten Landsgemeinde-Erkanntnus, wo die evangel. Landsgemeinde für das Könftige solle gehalten werden, beratschlaget; darüber auch einhellig erkennt, daß die Landsgemeind wieder gen Schwanden solle verlegt und am alten Ort gehalten werden, mit dem heitern und klaren Anhang, daß zu Vorbiegung und Abhelfung aller Unordnungen und gar ungestümen Tumultierens für das künftige, wenn sich

jemand ungebühr bezeigen sollte, ein jeweiliger Herr
Amtsmann solche fründernstlich abmahnen und falls sich
einer hierum nit kehren, sondern renitent verbleiben würde,
dannzumal einem solchen durch die Amtsbedienten den
Degen abnehmen lassen; zu dem End auch die nächsten
anwesenden Herren Landleuth bim Eid sollen schuldig
sein, hierzu die behörige Assistenz zu leisten, mit dem
fernern Hinzuthun, daß dannzumal ein solcher solle ab
dem Ring geführt, auch ehr= und gewehrlos verbleiben,
bis und so lang er solches von meinen gnädigen Herren
und Oberen oder aber nach Verfluß des Jahres an
offener Landsgemeinde von den Herren Landleuthen selbst
wird ausgebätten und erlangt haben; es ist auch darbei
noch weiters angehänkt worden, daß man einem solchen,
während dieser Zeit, da er wehr= und ehrlos ist, kein
Gericht noch Rat halten wird; und damit sich niemand
der Unwissenheit entschuldigen könne, soll dieser Artikel
alljährlich zu anfang der Landsgemeinde abgelesen werden."
Bekanntlich ging 1837 die Belesung dieses als Däni=
bergerbrief wohl bekannten Artikels von der evangelischen
auf unsere gegenwärtige, paritätische i. c. gemeinsame
Landsgemeinde über.

Was den Landsgemeindeplatz betrifft, ist bekannt, daß
in unserm Jahrhundert die evangelische Landsgemeinde
jeweilen oberhalb der Kirche, südlich vom ersten Pfarrhaus
in der sog. Landsgemeindehostet (jetzt Turnplatz und Fried=
hof) statt hatte. Aber auch schon 1712 muß sie, wie
eine der Glarnerchronik von Heinrich Tschudi beigegebene
Ansicht des „Fleckens Schwanden" zeigt, ebendort ihren
gewöhnlichen Versammlungsort gehabt haben. Wenn 1746
die Landsgemeinde im Däniberg abgehalten wurde, so
war das, wie aus Vorausgehendem erhellt, eben eine Aus=
nahme, durch welche die Wirte von Schwanden wohl ein
wenig bafür gestraft wurden, daß sie 1745 geholfen, die
Landsgemeindegäste zu erhitzen. Wir dürfen uns aber
aus den Vorkommnissen des 18. Jahrhunderts wohl füg=
lich einen Rückschluß auch auf das 16. Jahrhundert in

der Weise gestatten, daß wir annehmen, es sei auch damals die Abhaltung im Däniberg eine Ausnahme gewesen, die vom Chronisten ebendarum ausdrücklich angemerkt wurde, daß hingegen in den Fällen, in denen über den speziellen Ort der Landsgemeinde nichts gesagt wurde, es der eben bezeichnete, durch die Tradition geweihte Ort war. Die Nähe der Kirche wurde wahrscheinlich mit Absicht gewählt, um im Notfall — bei unerwartet eintretendem Regen — sich unter das Dach der Kirche flüchten zu können.

11. Landammann Paulus Schuler und die konfessionellen Streitigkeiten in den 1550er Jahren.

Wie heute, so fand sich auch im 16. Jahrhundert der Sitz eines glarnerischen Landammanns, und zwar wiederholt, in Schwanden. So amtete 1522—24 als Ammann Jost Tschudi II, den wir bereits bei früherer Gelegenheit (Kap. 9) als Bürger von Schwanden kennen lernten; 1556—58 und 1567—74 hat Paulus Schuler dieses höchste Ehrenamt, das die glarnerische Demokratie zu vergeben hat, inne; 1578—82 und 1586—89 ist Ammann von Glarus Oberst Ludwig Wichser, der ebenfalls von Schwanden stammt und dort wohl auch seinen Wohnsitz hatte; 1589—91 folgt ihm Jost Tschudi III, gleichfalls von Schwanden, und endlich, an der Schwelle des 16. und 17. Jahrhunderts, 1598—1601 steht der Stab eines glarn. Staatsoberhauptes bei Jost Pfendler, den die von Schwanden wiederum ihren Mitbürger nennen durften.

Von diesen fünf Landammännern war ohne Zweifel der bedeutendste und einflußreichste Paulus Schuler, über den wir deshalb auch bereits bei anderer Gelegenheit (histor. Jahrbuch XXVIII, pag. 15—65) eingehender berichteten. Um 1508 geboren, wurde er schon mit 17 Jahren Landschreiber des löbl. Standes Glarus, was darauf hinweist, daß er nicht bloß eine gute Bildung genossen, sondern auch durch natürliche Begabung hervorragte, da ihm nur in diesem Falle schon so frühe ein Amt übertragen werden konnte, dem damals mehr noch als heute eine große Verantwortung und Einfluß zukam. Nachdem er dieses Amt 8 Jahre, während der so ereignisreichen, vielbewegten Zeit von 1525—33, verwaltet, trat er von seinem Landschreiberposten zurück, um zunächst die Stelle eines Landvogts von Werdenberg, der ausschließlich den Glarnern zustehenden Landvogtei, zu übernehmen, und 1544—45 amtet er ebenso als Landvogt von Sargans; 1540 begegnet er uns bereits als Tagsatzungsabgeordneter in Baden und erscheint er von da ab des öftersten in eben dieser Stellung, ebenso im Namen der eidgenössischen Tagsatzung als deren Delegierter nicht bloß im benachbarten Graubünden, sondern auch in Savoyen (in dessen Streit mit Bern). 1556 übernimmt er sodann ein erstes Mal das Amt eines Landammanns, in einer Zeit, in welcher die konfessionellen Händel da und dort in der Eidgenossenschaft (auch darüber hinaus), nicht am wenigsten aber auch im Kanton Glarus, aufs neue entbrannten. Wenn dabei Schuler schon 1558 zu Gunsten des Katholiken Ägidius Tschudi — wohl „des lieben Friedens" wegen — zurücktrat, so wählte nicht bloß dieselbe Landsgemeinde, die das Landammannamt an Ägidius Tschudi übertrug, den zurücktretenden Landammann Schuler zum lebenslänglichen Pannerherrn, sondern Schuler blieb auch der anerkannte Führer der Evangelischen. Trotz der Konzession, welche die Landsgemeinde durch Wahl des Ägid. Tschudi zum Landammann gemacht, und durch schwere Mitschuld des Ägid. Tschudi dauerten die konfessionellen Streitigkeiten bis 1564 fort und dieses mit solcher Heftigkeit, daß die V Orte Glarus förmlich die Bünde kündeten, und man in Schwyz offen und ernstlich vom Krieg redete und Tschudis Schwager, Landammann Schorno, nicht mehr neben Schuler und andern glarnerischen Boten „sitzen" wollte. In dieser ernsten Zeit war Paulus Schuler der Wortführer der Evangelischen, der ihre Sache mit Festigkeit und doch wieder weiser Mäßigung führte und jedenfalls das Seine mit dazu beitrug, um die habernden Brüder wieder zu gewinnen. Nach glücklich beendetem Streit übernahm er in friedlicherer Zeit 1567 ein zweites Mal die Stelle eines Landammanns, die er dies Mal nun 7 Jahre, bis 1574, behielt. Aber auch als er 1574, wohl Altershalben, definitiv von seinem Posten zurücktrat, galt sein unermüdlich Sorgen und Sinnen augenscheinlich dem Wohle seines Landes. Davon geben uns Zeugnis die schriftstellerischen Geistesprodukte, die er uns hinter= lassen und in denen er gegen die Schäden seiner Zeit treulich ankämpft.

Wie wir verschiedenen Quellen entnehmen, war damals das „Praktizieren", d. h. der Ämterkauf ein häßlicher Mißbrauch, der sich tief eingefressen hatte in die Sitten auch des glarnerischen Volkes; Schuler wird nicht müde, seinem Glarnervolk in Wort und Schrift, in Poesie und Prosa das Entwürdigende dieser Unsitte vorzuhalten. „Wir mißbrauchen", ruft er seinem Volke zu, „bedachter mut= williger Wis unsere so thür (teuer) erkaufte Freiheit, da doch kein Schatz in dieser Welt dem mag verglichen werden, daß wir selbst mögen unsere Obern nach unserm Willen und Gefallen erwählen. Aber da ists leider durch das Praktizieren dahin kommen, daß man weder der alten vorgeschriebenen Satzungen noch der löblichen Freiheiten mehr achtet. Denn unsere Altfordern haben die erwählt, die sie bei ihren Eiden hand mögen als geschickt, passend, erkennen und denen man Glauben und Vertrauen schenken durfte. Durch das unverschampt Praktizieren aber wird dieser Bruch aufgehebt. Demnach, ehe man zu ordentlicher Wahl kommen mag, sind schon vorhin die gemeinen Ämter, Ritt (Gesandschaften) und Vogteien beratschlagt, gesetzt und geordnet, und wenn man zusammenkommt und ordent= lich handeln soll, so thun sich die versölbeten Praktizierer hervor und vermelden sich selbst, daß sie eben ihre ver= heißnen oder empfangenen Gaben da verdienen. — — — Sie entschuldigen sich, sie heigind (haben) kraft ihrer Frei= heit das Recht zu raten, zu mehren und zu handeln, wie sie wollen, und könne es ihren Freiheiten nichts schaden, wenn sie schon guten, ehrlichen Landleuten zu Aemtern verhelfen und die ihnen dann dargegen Hosen, Gelt, Zehrung und anderes geben; man gspüre da einen großen Vergunst, daß man ihnen das verwehren wolle. Das ist aber keine Entschuldigung, denn was unsere Freiheit betrifft, so sind wir schuldig, den gemeinen Nutzen mit höchstem Fleiß und Ernst zu beratschlagen, welches zu thun wir feierliche Eide schwören. Und wenn sie sagen: sie wollen ihnen helfen 2c. — was ist das für eine Hilfe, wenn einer den Namen eitler Ehren zwei und drei Mal theurer erkaufen muß, als ihm sein Amt hernach einträgt; das heißt vielmehr enthelfen und ihn mutwillig um das Seine bringen, und man siehts und spürts, daß, so bald die Gaben aufhören, auch die Gunst und das sogenannte Helfen aufhört."

In einem andern Spruch hält er seinen Mitlandleuten auch vor, wie ihre Rechte als Regenten über Landvogteien ihnen auch die Pflicht auflegen, gut zu regieren, d. h. gute, weise Landvögte zu wählen.

„Das sollten trachten alle Ständ,
Die armen Unterthanen händ,
Daß man's bi ihren Rechten blieben ließ,
Mit Gewalt nit von dem Jhren stieß.
Das aber nit geschieht damit,
Wo man solche Landvögt ihnen gibt,
Die selber einen Vogt bedörften wohl.
Deshalb es der Gestalt geschehen soll,
Daß man auch ordne solche Herrn,
Wie wir sie selbst auch hätten gern,
Wenn wir wären bevogtet Lüth,
Ohn diese Rechnung ist's sunst nilt.
Denn was wir selbst nicht gerne han,
Sei auch den Unseren nicht angethan!
Ob sie schon Unterthanen sind,
So sind sie drum nicht unser Find."

Wenn diese Sprüche uns einen von patriotischem Geist erfüllten Mann kennen lehren, der mit aufrichtigem Schmerz die Schäden des öffentlichen Lebens erkennt und betrauert und mit Mut und ohne Rückhalt dagegen ankämpft, und wenn infolgedessen Paulus Schuler einen Ehrenplatz in der Geschichte des Landes Glarus beansprucht, so ist sein Name auch speziell mit der Geschichte von Schwanden aufs engste verknüpft und darum gedenken wir seiner auch hier um das eingehender. Hier, in Schwanden, hatte er seinen Wohnsitz; hier erbaute er sich sein neues Haus, in welches „mine Herren von Bern" 1546 ihm ein (gemaltes) Fenster schenken wollen; und hier, und das ist die Hauptsache, sitzt er in den Gemeindebehörden und ist bei den verschiedensten Anlässen der selbstverständliche Fürsprecher der Bürger von Schwanden.

So begegnet er uns 1550 — zu einer Zeit, da er noch nicht Landammann war — als Mitglied des löbl. Kirchenrates Schwanden, neben Ludwig Blesi, Kilchmeyer (als solcher nicht bloß Verwalter, sondern auch Präsident), Fribli Luchsinger, Fribli Thösi, Jakob Lager und Hans Tschudi. Mit eben diesen Herren hatte er damals bei Reorganisation der Finanzen, bekanntlich einem nicht immer leichten Geschäft, mitzuwirken. Wenn die katholische Kirche einen bedeutenden Teil ihrer Einkünfte aus den sog. Jahrziten bezog, so hatten bei Beginn der Reformation manche sich eingebildet, durch die Annahme des Evangeliums würden sie auch die auf ihren Gütern haftenden, von ihren Voreltern überkommenen Leistungen los werden.

Jene Abgaben waren ja von ihren Stiftern bestimmt worden, damit man alljährlich ihr Jahrzit begehe, „für sie und ihre Fordern Gott bitt", d. h. für sie Messe lese. Wenn man nun aber das nicht mehr that, weil man die Messe abgeschafft hatte, so lag es ja allerdings nahe, daß auch die Gegenleistung für diese Verpflichtung dahinfiel. So einleuchtend aber diese Schlußfolgerung war, so konnte der Kilchmeier von Schwanden sich doch nicht damit befriedigen; denn wo sollte er dann die Mittel hernehmen, um die Besoldung des Pfarrers zu bestreiten, so ärmlich diese auch war. So mußten denn die Kirchenverwalter darauf bringen, daß jene althergebrachten Leistungen trotz evangelischer Freiheit weiter bezahlt würden, begegneten aber da und dort allerlei Schwierigkeiten. Wie Betschwanden 1542 deshalb durch Anlegung eines Kirchenurbars an Stelle des alten Jahrzitenbuchs die der Kirche zu entrichtenden Abgaben neu ordnete, so beauftragte Schwanden 1550 die obbezeichneten Sechse, daß „uß Geheiß und Befelch gemeiner Kilchgenossen alle die Kilchen-Zins, Rennt und Güllt, so durch Absterben der Menschen, Länge der Zit und Veränderung der Unterpfanden, irrig, zerfallen und deshalben inzuziechen, ganz unrichtig, wiederum zusammen gsummiert und mit bestem Fliß einem jeden jetzigen Inhaber der Unterpfanden, nit allein der Kilchen, sonder auch der zweien Pfrunden ordentlich zugeschrieben" werden. Um diesem Verzeichnis der fortan zu erhebenden Einkünfte um so mehr Kraft zu verleihen, wurde es der ganzen Gemeinde vorgelesen und von dieser bestätigt; „dieweil dann aber in den alten Jahrzitbüchern Anken, Wachs und Wingullt gemeldet wird, so haben wir dieselben von Bekomlichkeit wegen zu Gelt gerechnet, nämlich für ein Pfund Wachs zwei Batzen, für ein Maß Anken ein Batzen und für ein Maß Win 2 ß Zins zu geben, und das Hauptgut nach Anzahl des Zinses abzulösen einem jeden vorbehalten und zugelassen". [1])

---

[1]) d. h. statt jährlich ein Maß Anken zu liefern, hat er fürder jährlich einen Batzen Zins zu entrichten; er kann aber statt dessen auch ein für allemal das entsprechende Kapital — 20 Batzen — bezahlen. Dasselbe Buch, dem obiges entnommen ist, meldet von einer „Kilchenalp", aber auch einer „St Wendelinsalp" und einer „Seelmeßalp". Alle drei miteinander (161 Stöß) sollen z. B. 1587 an Alpzinsen 78 Pfd. 13 Schilling eingetragen haben. Als St. Wendelinsalp haben wir uns nicht eine „in der Nähe der St. Wendelinskapelle gelegene Alp" zu denken, sondern eine Alp, welche der St. Wendelinskapelle zinspflichtig war und ähnlich verhielt es sich mit der Seelmeßalp (wie wir z. B. auf Braunwald heute eine „Steueralp" haben, womit derjenige Anteil an der Braunwaldalp bezeichnet ist, welcher dem Steuergut zugehört); es kann sein — man weiß das wohl nicht mehr — daß alle drei (Kirchen-, Seelmeß- und St Wendelinsalp) auf der gleichen Alp waren, möglich aber auch, daß sie auf verschiedenen Alpen lagen; wir hörten ja bereits früher von Besitzungen an Aueren, Altstafel und Plattenthal (Kap. 4, Anmerkung 18 und 19).

Mochte die Ordnung dieser Dinge unserm Paulus Schuler und seinen Kollegen schon nicht geringe Schwierigkeiten gebracht haben, so dürften allerdings die konfessionellen Streitigkeiten, in welchen es galt, die Rechte seiner Gemeindegenossen gegenüber den Begehren der katholischen Partei zu verteidigen, Schuler noch größere Mühe und auch manchen Verdruß bereitet haben. Schon in den 1540er Jahren hatte wieder eine konfessionelle Fehde zwischen dem damaligen reformirten Pfarrer — Laurentius Agricola — von Schwanden und dem Meßpriester Heinrich Schuler von Glarus stattgefunden. Der Predikant von Schwanden hatte auf der Kanzel von „beschornen Buben" geredet und der Meßpriester diese Scheltung ihm mit gleicher Münze zurückbezahlt, indem er ihn unsittlicher Handlungen beschuldigte. Agricola hatte sich hierauf nach Zürich begeben, teils um Zeugnisse über sein früheres Wohlverhalten beizubringen, teils um mit Antistes Bullinger sich zu beraten, wie er sich verhalten sollte. Dieser hielt nun aber mit Recht dafür, es sollte der erst mühsam errungene Friede zwischen den beiden Religionsparteien nicht durch eine persönliche, unerquickliche Zänkerei gefährdet werden, und riet deshalb seinem Amtsgenossen, statt mit einer gerichtlichen Klage gegen den Meßpriester vorzugehen, lieber die Vermittlung des Ägidius Tschudi, der damals noch den Ruf eines billig denkenden Mannes genoß, in Anspruch zu nehmen. Tschudi übernahm auch in der That diese Vermittlung, indem er dem Meßpriester Schuler, seinem Verwandten und Tischgenossen, einem redlichen, aber „gächschüttigen" (jähzornigen) Manne wegen seines Verhaltens gegen Agricola einen Verweis erteilte.

Ungleich ernstere Zwistigkeiten kamen dann aber im folgenden Jahrzehnt zum Ausbruch. Der Landesvertrag von 1532 hatte, wie wir gesehen, festgesetzt, daß Schwanden wie einen Prädikanten (reformirten Prediger) so auch einen Meßpriester anstelle.[2]) Als aber die Alten, welche die

---

[2]) Ein Brief vom 22. November 1532 (Strickler, Aktensammlung zur Ref.-Gesch. IV, pag. 710) meldet, daß damals die Altgläubigen von

Messe noch besucht hatten, nach und nach ausstarben und zuletzt niemand mehr zur Messe kam, hatte man bei eintretender Vakanz sich für die Wiederbesetzung der Stelle eines Meßpriesters keine besondere Mühe gegeben — und, da niemand darauf drang, daß wieder ein Priester gewählt würde, sie auch ganz unterlassen. Da, 1555, taucht auf einmal, nicht ohne wesentliche Mitschuld eines allzu streitbaren reformirten Pfarrers, Bodmer in Betschwanden, die Erinnerung an den gedachten Landesvertrag von 1532 wieder auf. Hatte Bodmer das Gastrecht in der dem katholischen Kultus zuerkannten Kirche von Linthal mißbraucht, um die katholische Kirche zu schmähen, so erinnerte man sich katholischerseits daran, daß Bodmer überhaupt gar kein Recht habe, in der Kirche von Linthal zu amten, und wies ihm deshalb in dorten ein für allemal die Thüre. Aber eben damit war man nicht bloß mit Rücksicht auf die Kirche von Linthal, sondern auch für Schwanden an die Bestimmungen von 1532 erinnert, und hielt deswegen an der Tagsatzung vom 28. Oktober 1555 den glarnerischen Boten vor, daß auch in Schwanden die alten Verträge nicht gehalten werden. Schuler, „des Rats", (er wurde erst 1556 Landammann) der bei dieser Gelegenheit den Stand Glarus vertrat, wird seine Mitbürger so gut wie möglich verteidigt haben, kann es aber nicht hindern, daß an der Landsgemeinde vom 23. August 1556, die nunmehr Schuler als Landammann zu leiten hatte, Boten der V Orte Vortritt begehren und die Unterlassungssünde der Gemeinde Schwanden als Wortbrüchigkeit anschuldigen. Man stellt zwar glarnerischerseits den Boten vor, wie eben „in der Kilchhöri Schwanden niemant size, der der Meß begähr, und man bitt deshalb von Fried und Ruwen (Ruhe) wägen, ihnen die nit ufzutrengen (drängen)". Die V Orte bestehen aber auf ihrem Schein, und so muß denn

Schwanden einen Meßpriester angestellt; „der dazu berufene sei aber sofort vertrieben worden." Selbstverständlich mußten die von Schwanden dafür von Seite der V Orte ernste Vorwürfe hören und dem neuerdings berufenen Priester das Gastrecht unverletzt halten.

Schwanden, nachdem die Sache noch ein paar Mal hin und her besprochen worden, sich dazu bereit erklären, wieder einen Meßpriester anzustellen. An der Tagsatzung vom 1. Februar 1557 meldet P. Schuler, daß wie in Linthal nunmehr wieder ein Meßpriester angestellt worden, sie sich auch für Schwanden um einen solchen umgesehen, aber ohne Erfolg, daß übrigens die drei oder vier Katholiken, die in Schwanden noch sein möchten, die Messe kaum besuchen, wenn eine gelesen werde, dieselben auch ungehindert die Messe in dem nicht zu fernen Glarus besuchen könnten; immerhin haben sie, um alle Gerechtigkeit zu erfüllen, den Pfarrer von Glarus (den oben erwähnten Hrch. Schuler) angewiesen, alle Wochen ein oder zwei Mal in Schwanden Messe zu lesen. Natürlich fand die Nachricht, man habe keinen Priester gefunden, bei den V Orten keinen unbedingten Glauben, die durch Anstellung des Pfarrers von Glarus geschaffene Aushilfe aber wurde als nicht genügend erkannt. Um einen drohenden Krieg abzuwenden (denn von einem solchen war, wie bereits angedeutet, in Schwyz die Rede) mußte deshalb Schwanden unbedingt einen Meßpriester anstellen, gleichviel ob für die von ihm zu haltende Messe sich Zuhörer finden oder nicht.

Es ist aus früherm bekannt (histor. Jahrbuch XXVIII, pag. 29 u. ff.) daß auch dieses Opfer die V Orte — vor allem die intransingente Partei in Schwyz — nicht zufrieden stellte und der Streit deshalb noch mehrere Jahre sich weiter spann. Um einerseits die Lage, in der Schwanden sich befand, anderseits die Bemühungen Schulers für Erhaltung des Friedens zu illustrieren, erlaube ich mir an dieser Stelle ein Schreiben Schulers mitzuteilen, das er im November 1559 an den ihm von frühern Tagsatzungen her wohl bekannten und befreundeten Ammann Arnold in Uri richtete:

 Frommer, ehrenfester, fürsichtiger, insbesonders
  günstiger lieber Herr Landammann!

Ihr tragend, als wir nit zwifeln, gut Wüssen, was für großen Unwillen Ihr, meine Herren von Uri, samt den übrigen vier Orten gegen unsern Lanblüten und besonders gegen uns von Schwanden tragend, allein aus der Ursach, daß wir unserm Zusagen mit Usrichtung der Meß nit statt thüend, daß wir zwar viel verheißend, aber nützit (nichts) haltend, derohalben uns täglich schwere und große Dreuungen fürkommen und anzeigt werden, also wo Ihr allem dem, so üch fürgegeben, glaubet, wir billig in Sorgen stahn und derhalben Hilf und guten Rath wohl bedörften, die wir doch nienbert (nirgends) lieber denn grad fürnehmlich bi üch und den andern vier Orten, von denen wir bisher alle Hilf und Trost erfahren, suchen und zu erlangen verhoffen, wie Ihr denn ohne Zwifel us miner Herren Schriben nach der Länge verstanden, und dasselbe ist die einig und wahrhaftig Ursach, das unser Zusagen bisbar verhindert hat. Dieweil aber, wie ich besorge, (wir) wie gegen den übrigen vier Orten, so gegen üch für und für verunglimpfet werden und niemand ist, der uns einigergestalt verantwurt (rechtfertigt), noch irgend etwas Schidlichs (zum Frieden dienliches) zu unsern Sachen redete, so ist sich solchen Unwillens nit zu verwundern; doch verhoff ich und zweifeln wir gar nit, so wir zu Verhör und Antwort kommen, so wollend wir uns vor allen über diesen Verzug verständigen und uns, daß unsere Zusag bisher nit statt hatte, wohl und genugsamlich verantwurten. Dieweil wir aber besorgen, daß nach vorgemelten Dreuungen unser Vorgeben keine willfarige Antwort erlange, da wir doch immerdar das Bessere verhoffend und besonders wir zu Schwanden nun ein eigenen Meßpriester, der Messe hält, angenommen, so habe ich mich bedacht, üch, den ich bisher als einen Liebhaber des Friedens und Fürderer des gemeinen Nutzens erkenne, unsers Anliegens zu berichten, fürnemlich darum, ob sich zutrüge, daß Ihr üre Bottschaft zu den vier Orten unserthalben schicken und ihnen befelchen (empfehlen) möchtet, unsere Sachen etwa durch fründliche, lidenliche Mittel und nit mit Gewalt fürzunehmen. Denn wo wir je des nit statt befunden, wollten wir uns doch lieber, dessen wir beschulbigt werden, mit Recht (auf dem rechtlichen Wege) denn mit verderblichen Kriegen, nach Inhalt unserer geschwornen Bünde und des Landfriedens*) wisen lassen; denn so unsere Sache in der Wahrheit an den Tag kommt. So hend (haben) wir von Schwanden wegen dieses Verzugs, daß bisher gemeiner Landleuten Zusag nit erstattet, keine sonderbare Schuld; denn wir sind denen, so der alten Religion sind, die Meß aufzurichten, von Anfang des 31. Jahrs (1531) bis uf diese Stund nie vorgsin (im Wege gewesen) und noch nicht. Nicht besto weniger, so haben wir einmal die Sach zur Hand genommen und einen Priester aufgestellt, demselben nichts denn alle Zucht und Ehr bewiesen, wie Ihr das von denen, so üers Glaubens sind, und auch vom Priester selbst mit der Wahrheit erfinden könnt; daß er aber nit mehr Meß haltet, um das (geschieht, weil) niemand darzu gangen. Was kann man uns, die der Landsfrieden und auch unser Vertrag darvor geschirmt, zu solchem nöthen? Es sind das doch die eignen Lüth in den gemeinen Vogteien befugt. Hat man aber des etwas an uns Landlüthen gemeinlich oder an besondere Personen nit Vergnügens oder witere Ansprach, so geschehe das doch mit Recht und nit mit Gewalt; denn ohne Zwifel würden wir uns, so wir nit unsere Unschuld zu bewisen verhofften, wenig auf das Recht berufen, ja noch weniger getrösten. Ihr wüssend, daß uf unser gemeinen Landlüthen ernstlichs Ansuchen durch gesandten Botschafter und fründlich Schriben, die Werbung des Zusagens betreffend, uns noch nie irgend eine Antwort von üch noch den andern vier Orten zukommen. Deshalb wollet Ihr vor gegebener Antwort — ob Ihr bi unserer Zusagung gestrax blibet oder um unser trungenlichen (bringlichen) Bitt willen uns etwas us anerborner alter eidgnössischer Liebe willen willfahret — nit mit Gewalt zu nöthigen fürnehmen; denn wir wahrlich nicht gesinnet sind, üch mit einichem Betrug umzuführen, sondern, wo wir des bi üch gemeinen fünf Orten Statt und Zit er-

---

*) Friedensschluß von 1531 (nach dem zweiten Kappelerkrieg).

langen, wollen wir unser Sach, soviel die Zusagung belangt, zum liebsten voran in aller Fründschaft und der Gütigkeit, oder doch auf dem Rechtswege mit redlicher und begründter Wahrheit verantworten.

Wir müssen leider, daß wir Anfangs des vergangenen Kriegs[4]) übel und unbsintlich gegen üch gehandelt. Es ist uns aber vermög des Landsfriedens, darin Ihr uns genommen, alles ufgehebt und verziehen, wiewohl dabi abgeredt, daß wir in den vier Kilchen die Meß und Ceremonien wieder ufrichten, doch so, daß die zu Glarus und zu Schwanden, so der nüwen Religion sind, ihre Predikanten auch haben sollen und mögen. Das ist die Zusagung, so wir im 31. Jahr (1531) gethan, darus Ihr wohl verstanden, welchem Teil das Ufrichten der Ceremonien und darneben, wem die Prädikanten ufzustellen verheißen worden. Us dem folgt nun heiter, daß nit wir des, so von denen der alten Religion versumt wurde, sondern sie selbst Schuld tragen. Daß aber hiezwüschent der allmächtig Gott die, so der alten Religion sind, us diesem Jammerthal zu sinen Gnaden genommen und niemand ist, der's uf ihrem Teil erhalte — was können wir, denen die Anstellung eines Prädikanten zugelassen worden, des entgelten und deshalb als die, so viel verheißen und nützit halten, geschulten werden.

Wir können wohl abnehmen, wenn wir der Zusagung halben üer fründlichs Bewilligen etwas versumt, daß wir des wenig Fug noch Recht hettend, dieweil wir doch die Bünd, Landsfrieden und alles, so wir üch schuldig sind, zu halten ganz geneigt und gutwillig sind, auch in unserm Fürnehmen und Glauben nit so verstockt und eigenrichtig; denn das wir vormalen und noch bewilligt[5]), wenn Gott sin Gnad gibt, daß mittlerwil durch ein **allgemein christlich Concilium** Ordnung geschaffen, so lassen wir uns allweg die Wahrheit wisen.

---

[4]) Zweiten Kappelerkrieg.
[5]) denn damit erklärten wir uns vormals und sind es auch noch jetzt einverstanden.

Witer: wie wir Landblüth beider Religion einander bliben lassen, ist uns ein heiterer Vertrag im 32er Jahr von üch und den andern vier Orten gemacht und ufgericht, den wir unserteils gern halten und ihm nachkommen wollen, wie Ihr dessen, so es die Notdurft erfordert, gründlich berichtet werdet; denn derselbe Vertrag gibt eigentlich in einem Artikel den Entscheid, wie wir uns unserer Zusagung halb sollen mit Usrichtung der Ceremonien gegen einander halten; nämlich also: Item es sollen die von Schwanden zu beiden Teilen in Monatsfrist einen Meßpriester und einen Prädikanten ufstellen, und welcher Teil sümig wurd, mag der ander Teil sinen ufstellen. Vermöge dieser Erlüterung haben wir uns ihres Priesters halben nützit angenommen, sondern ihnen heimgesetzt, und so getan uf die 20 und mehr Jahr, derhalben mit niemand kein Gspän gehabt und begehrend fürhin und allweg mit ihnen in guter Fründschaft, Liebe und Einigkeit zu leben, ungezwifelter Hoffnung, daß auch sie so gegen uns gesinnet seien. Diewiel dann wir Landlüt hie beider Religion in keinem Weg das (besser) in Fried und Ruh bestehen, denn so wir zuvor üre Fründschaft, Huld und Gunst befinden, so bitt ich üch ganz fründlich, Ihr wollet in dieser Sach thun und handeln, wie ich üch vertrue, und besonders mit Ehrenleuten, wo Ihr vermeinen allernützlichest sin, anhalten, damit wir mit keinem Gewalt, sondern mit aller Fründlichkeit mit üch und den übrigen vier Orten, ob etwas Unwillens vorhanden, wiederum vereint und versühnt werden, damit wir, die wir üer gut Fründ, Eidgnossen, Nachburen und Brüder sind, nit um geringer Ursachen willen von ürer Hülf, Schutz und Schirm getrennt werden, sondern Ihr uns jederzit behulfen und beraten sind, daß unser Land Glarus bi ihren uralten Friheiten, Bräuchen und lobl. Herkommen bliben, geschützt und geschirmet werde. Denn auch wir redlich gesinnet, wer üch von dem üern wider Billigkeit und Recht dränge, würden wir all unser Vermögen zu üch setzen. So sich denn darzwüschen etwas unserthalb, so üch zuwider, zutrug (was wir doch nit verhoffen), dem wollet Ihr doch nit Glauben geben, bis Ihr darüber unsere Antwort auch berichtet seid. So werdet Ihr ohne Zwisel jederzeit unsre Unschuld vernehmen, und nützit anders befinden, denn, was frommen Eidgenossen zustaht. Uech hiemit in den Schirm göttlicher Gnaden befehle.

Datum Novembris im 1559. Jahr.

Euer dienstwilliger
Pauli Schuler, alt Ammann und Pannerherr
zu Glarus.

Wir ersehen aus vorliegendem Schreiben, daß nunmehr ein Priester in Schwanden angestellt ist, d. h. da wohnt und seinen Gehalt bezieht; daß er nichts zu thun hat, dafür konnte man allerdings nicht Schwanden haftbar erklären; denn mit Recht darf Schuler geltend machen, daß man selbst in Unterthanenländern — gemeinen Vogteien — den Leuten den freien Willen lasse, ob sie zur Predigt oder in die Messe wollen. Hatte Schwanden einen Priester angestellt, so war es in der That an den Altgläubigen selbst, dafür zu sorgen, daß ihr Priester auch Zuhörer fände, zumal nach kanonischem Recht, wie Schuler bei anderm Anlaß ausführte, eine Messe nur Gültigkeit hätte, wenn außer dem Priester auch noch Zuhörer oder Zeugen gegenwärtig wären.

12. Landvogt Frid. Luchsinger von Schwanden und die Fortsetzung und Beendigung des konfessionellen Streites in den 1560er Jahren.

Seit 1559 hatte also Schwanden seinen Meßpriester. Es mußte aber doch ein höchst unerquicklich Ding sein, Priester zu sein und keine Gemeinde zu haben, alle Tage den Lohn, den die Gemeinde dafür aussetzen mußte, zu verzehren und für diesen Lohn nichts zu leisten! Daß ein Mann von Geist und Charakter sich nicht gerne dazu willig fand, läßt sich begreifen; nur einer, dem Nichtsthun des Lebens höchste Freude bedeutete, konnte sich damit zufrieden geben; für einen solchen war dann aber wahrscheinlich die Besoldung dieses Postens kaum ausreichend, da auch der Nichtsthuer auf irgend eine Weise sich die Zeit vertreiben muß und dieser Zeitvertreib in der Regel Geld kostet. Es ist eben darum auch erklärlich, was uns aus dem Jahre 1564 gemeldet wird. Während, durch die Anstellung von Meßpriestern in Linthal und Schwanden und anderes Entgegenkommen befriedigt, Zug bereits am 15. Juni 1563 mit Glarus wieder Frieden geschlossen und bald darauf auch Luzern dasselbe that und auch in Uri und Unterwalden die Stimmung zu gunsten von Glarus sich besserte, wird die Pfründe eines Meßpriesters von Schwanden auf einmal wieder verwaist, indem der bisherige Inhaber dieser Stelle sich über Nacht aus dem Staube gemacht hatte. Er hatte es, wie der Tagsatzung gemeldet wird, gethan „wegen Friedbruch und Schulden= machen". Bei der in Schwyz herrschenden gereizten Stimmung stand aber zu fürchten, daß auch dieser Vorfall wieder zu Ungunsten von Schwanden ausgebeutet würde, und darum that Schwanden wohl daran, daß es allfälligen Reklamationen zuvorkam und von sich aus der Tagsatzung vom 9. April 1564 von dem Geschehenen Kenntnis gab, mit der Bitte, „man möchte es ihnen nicht übel nehmen, wenn sie nicht auf der Stelle einen andern bekommen". Es scheint auch, daß die Tagsatzung mit dieser rechtzeitigen Erklärung sich zufrieden gab, gewärtigend, ob Schwanden Wort halte. An der folgenden Tagsatzung aber geben auch Uri und Unterwalden die Erklärung ab, auch sie nehmen (wie Zug und Luzern) nunmehr die „gütlichen Mittel" vom 24. Mai 1563 an, d. h. auch sie seien es einverstanden, daß, da gegenwärtig in Schwanden niemand die Messe begehre, der Priester von Schwanden in Zukunft in Glarus Wohnung nehme und den dortigen zwei Meß= priestern in Ausübung des Gottesdienstes behülflich sei, dieses in dem Sinne, daß eben diesem in Glarus residie= renden „Priester von Schwanden" [1] die bisherige Kom=

---

[1] Dieser konnte als Gegenstück zu den sogenannten „Bischöfen in partibus infidelium", z. B. dem im Wallis residierenden „Bischof von Betlehem" gelten.

petenz von 52 Sonnenkronen ungeschmälert zukomme, und wenn früher oder später wieder einige Landleute zu Schwanden einen Priester und die Messe verlangen, es den Altgläubigen zu Glarus anheimgestellt sei, diesen Priester zu Zeiten hinauf nach Schwanden zu schicken, um Messe zu lesen, oder aber zu entscheiden, ob derselbe zu Schwanden wohnen sollte oder nicht; wenn dann der Priester sich wieder zu Schwanden niederlasse, so solle ihm das gegenwärtige Pfrundhaus samt Zubehör wieder übergeben werden; und was an Kirchenzierden notwendig, solle man aus dem Kirchengut anschaffen, oder, sofern dieses nicht hinreiche, aus dem gemeinen Landesseckel, jedoch den andern Artikeln in den Verträgen und Abschieden unbeschadet. Da dadurch ein öffentliches Ärgernis, die offizielle Anstellung eines zu absolutem Nichtsthun verurteilten Menschen beseitigt wurde, war jedenfalls dieses Abkommen im Interesse beider Teile; und da drei Priester für die kleine katholische Gemeinde von Glarus des Guten wohl auch zu viel waren, so lag auch die 1594 erwirkte Änderung des Vertrages wiederum nicht weniger im Interesse beider Teile. Die Katholiken von Glarus wünschten nämlich damals die von 1564 weg erhaltenen 52 Sonnenkronen statt für einen dritten Priester für einen katholischen Schulmeister zu erhalten; die von Schwanden erklärten aber mit Grund, ihre Verpflichtung laute nur zu gunsten eines dritten Priesters, nicht aber zu handen eines Schulmeisters. Durch Vermittlung dreier Ratsglieder (Fridolin Vögeli, Jakob Schindler und Balthasar Suter) ward nun eine Verständigung erzielt, wonach Schwanden, so lange die Stelle eines dritten Priesters nicht wieder besetzt würde, an die Besoldung des katholischen Schulmeisters von Glarus 32 Sonnenkronen leistete. Dadurch ersparte Schwanden jährlich 20 Kronen und katholisch Glarus erhielt die Möglichkeit, seinen Schulmeister „standesgemäß" oder doch „menschenwürdig" zu besolden.

Doch kehren wir noch einmal zum Jahr 1564 zurück, indem in diesem Jahre der konfessionelle Frieden des

Landes Glarus mehr noch als durch die Flucht des Priesters durch ein zweites Ereignis gefährdet wurde, an dem ein Bürger von Schwanden Meistbeteiligter war und das wohl die ganze Gemeinde Schwanden in Mitleidenschaft und gerechte Entrüstung versetzte. Bekanntlich fanden sich Schwyz und Glarus seit 1438 resp. 1446 im Besitze der Vogteien Gaster und Utznach und hatten deren Verwaltung so geordnet, daß jeder der beiden Stände abwechselnd für zwei Jahre einen Vogt bestellte; hatte Schwyz für zwei Jahre einen der Seinen ins Gaster zu senden, so residierte in derselben Zeit ein Glarner als Landvogt in Utznach; in den folgenden zwei Jahren verwaltete dann wiederum ein Glarner die Vogtei Gaster, ein Schwyzer die Herrschaft Utznach. Nach dieser Kehrordnung nun wurde von den Glarnern für die Jahre 1564 und 1565 Fribolin [2]) Luchsinger von Schwanden als Vogt für Utznach bestimmt. Derselbe hatte bereits zweimal, 1540/41 und 1544/45, die Vogtei Utznach verwaltet, ohne daß er denen von Schwyz Anlaß zu Klagen gegeben; [3]) auch gehörte er zu den wenigen Bürgern von Schwanden, die sich nicht dem neuen Glauben angeschlossen; er und seine Familie waren deshalb 1531 die Ursache, daß damals Schwanden wieder einen Meßpriester hatte anstellen müssen. Indem die Glarner ihn und nicht einen Neugläubigen als Landvogt für Utznach bestellten, glaubten sie gewiß Schwyz billiges Entgegenkommen gezeigt zu haben. Nicht so dachte man in Schwyz. Ohne Zweifel hatten die Tschudi dorthin Bericht gegeben, daß der Mann nicht sattelfest sei und keine Gewähr dafür biete, daß nicht die reformierte Lehre unter seiner Verwaltung sich wieder Anhänger erwerbe. So erklärte denn Schwyz, Luchsinger habe sich vom

---

[2]) So nennen ihn die mir bekannten glarnerischen Quellen; ich weiß nicht, weshalb ihn Krütli in den eidgenössischen Abschieden IV, 2, pag. 1432 als Johannes Luchsinger aufführt.

[3]) Eidgenössische Abschiede IV, 2, pag. 284.

alten Glauben abgewendet⁴) und dürfe deshalb nicht als Vogt von Utznach aufreiten. Das war nun doch auch denen von Uri, Schwyz, Luzern und Zug zu stark; ihre Boten erscheinen deshalb am 27. Mai 1564 vor Landammann und gesessenem Rat zu Schwyz und ersuchen, daß den Bitten der vier Orte zu lieb und in Berücksichtigung der beunruhigenden Zeitverhältnisse Schwyz den Luchsinger aufführen lasse, oder aber, wenn wider Erwarten ein Abschlag erfolge, die Sache bis zu künftiger Jahrrechnung ruhen lasse, indem sie die Hoffnung hegen, dort die Sache in Güte beilegen zu können. Auf diese Ansprache danken Landammann und Rat zu Schwyz den Abgeordneten der IV Orte für ihre Fürsorge, erklären aber: sie haben an Glarus geschrieben, weshalb sie den Luchsinger nicht als Vogt zu Utznach dulden können, und haben aus dessen Handlungen und Worten bewiesen, daß er nicht zu den Katholiken halte; darauf habe allerdings Glarus dem Luchsinger das Zeugnis gegeben, daß er zum alten Glauben sich bekenne und denselben nie verleugnet habe; infolgedessen habe Schwyz gestern an die Neugläubigen zu Glarus geschrieben, wenn Vogt Luchsinger ohne Verzug nach Einsiedeln gehe, daselbst beichte und das h. Sakrament nach christlichem altem Brauch empfange, wenn er ferner einen Eid zu Gott und den Heiligen schwöre oder einen besiegelten Brief ausstelle, daß er beim alten Glauben verharren und sich von den Altgläubigen nicht söndern, sondern bei ihnen in Lieb und Leid, mit Rat und That stehen und bleiben wolle, so wolle Schwyz ihn die Vogtei zu Uznach versehen lassen; Schwyz bitte nun, die vier Orte möchten sich mit dieser Antwort zufrieden geben und berücksichtigen, daß die neugläubigen Glarner vor Jahren die im Gaster zum Treubruch und

---

⁴) Als Schwanden keinen Priester mehr hatte, soll er das Abendmahl mit den Reformirten genossen, aber dabei erklärt haben: er empfange es nach seinem Glauben wie von Alters her. Schuler, Glarnergeschichte, pag. 199.

Meineid verleitet⁵) haben; Schwyz könne jetzt keine andere Antwort geben, sondern müsse den Handel wieder an den zweifachen Rat oder an die „große Gewalt" bringen. — Die Gesandten der vier Orte werden durch diese Antwort nicht befriedigt, sondern bemerken, daß sie dieselbe ad referendum nehmen und ihren Obern das Weitere anheim= stellen wollen; sie bitten und ermahnen aber ganz freund= lich und ernst, Schwyz möchte nichts Unfreundliches oder Thätliches beginnen, wenn Glarus den Luchsinger auf= führen sollte; sie versichern, an Glarus schreiben zu wollen, entweder möchte Luchsinger dem von Schwyz gestellten Begehren nachkommen, oder Glarus möchte einen andern altgläubigen Vogt statt des Luchsinger ernennen, oder aber die Sache bis zu künftiger Jahrrechnung ruhen lassen; sollte indeß (von Schwyz) etwas Unfreundliches ohne der vier Orte Vorwissen begegnen, so würde man das als eine Verletzung der alten Freundschaft, Treue und Liebe zwischen Schwyz und den vier Orten ansehen. — Schwyz dankt schließlich für die dieser Sache wegen gehabte Mühe und Arbeit, ist zufrieden, daß die vier Orte an Glarus schreiben wollen, erklärt aber, daß es die Unterthanen nicht dazu anhalten werde, dem Luchsinger zu huldigen, und stellt endlich die Behauptung in Abrede, als seien nur etwa 5 oder 6 Altgläubige in Glarus, die diesen Handel be= treiben; denn sichern Nachrichten zufolge seien daselbst 29 Ehrenmänner aus 26 alten Geschlechtern ausgeschossen, um die Interessen der Altgläubigen zu besorgen.

Vogt Luchsinger lehnte, was wir ihm nicht verargen, ab, nach Einsiedeln zu gehen und dort in seinen alten Tagen noch einem peinlichen Verhör sich zu unterziehen, soll auch gegenüber dem ihm abverlangten Eide, sich nie von den Altgläubigen söndern, sondern mit Rat und That zu ihnen stehen zu wollen, erklärt haben: „Ich schwöre und verpflichte mich mit niemand, als mit meinen Land= leuten; ich will auch in meinem Alter als ein Ehrenmann

---
⁵) d. h. 1529/30 die Reformation begünstigt.

handeln." Infolgedessen weigerte sich Schwyz weiterhin, den Luchsinger in Utznach aufreiten zu lassen, und so gelangte denn die Sache in der That vor die Tagsatzung, die am 11. Juni 1564 in Baden zusammentrat. Nach der heutigen Form der Verhandlungen wäre mit allen gegen die einzige Stimme von Schwyz beschlossen worden, Schwyz dürfe den Amtsantritt Luchsingers nicht weiter hindern; es ist aber bekannt, daß so rasche Entscheidungen der alten Tagsatzung — nicht bloß derjenigen von 1564, sondern bis 1847 — nicht möglich waren: Schwyz wurde von den andern Orten dringend ermahnt, sich zu fügen, oder doch einstweilen n i c h t s T h ä t l i c h e s gegen Glarus vorzunehmen und seinen Bescheid bis zum August nach Zürich zu melden. Auch Glarus wird gemäß Bünden und Landfrieden ermahnt, sich gegen die von Schwyz friedlich zu verhalten und bis auf weitern Bescheid den Luchsinger nicht als Vogt in Utznach aufzuführen.

War damit der Entscheid auf die nächste Tagsatzung verschoben, so bemühten sich Uri, Unterwalden, Luzern und Zug redlich, den schwyzerischen Eigensinn zu brechen. Ihre Boten erscheinen am 6. August (1564) vor Landammann, Räten und ganzer Gemeinde von Schwyz zu Ibach vor der Brücke und eröffnen, weshalb sie ihrerseits die „Mittel" (Vermittlungsvorschläge) für Beilegung des Streites mit Glarus und den Aufritt von Vogt Luchsinger angenommen und erwartet, daß Schwyz dasselbe thun würde; da Schwyz, ihrer Erwartung entgegen, bis heute die geforderte Erklärung dem Bürgermeister von Zürich nicht zugesandt, seien sie erschienen, um Schwyz zu erinnern, mit welcher Freundschaft und Liebe ihre frommen Altvordern mit einander gelebt, wie sie bisher mit Gut und Blut zu einander gestanden und das Gebiet der V Orte zu Ansehen und Ehren gebracht haben; sie geben Schwyz die feste Versicherung, daß die IV Orte, wenn die neugläubigen Glarner etwas gegen die altgläubigen oder gegen die zu Wesen, Utznach und im Gaster, dem alten Glauben und der Billigkeit zuwider, handeln sollten,

Leib und Gut zu Schwyz und den altgläubigen Glarnern
setzen würden; darum bitten sie denn aber auch ganz
dringend und freundlich, gleich ihnen im Namen Gottes
die Mittel anzunehmen und den Vogt Luchsinger auf=
reiten zu lassen. Nach reiflicher Erwägung erklärt Schwyz,
daß es gegenwärtig die Mittel nicht annehmen könne, sie
aber auch nicht verwerfen wolle — d. h. in Rücksicht auf
diese seit Jahren herumgeschobene Frage wird der Entscheid
nochmals vertagt — mit Rücksicht auf Vogt Luchsinger
erklärt Schwyz, es habe demselben zwei Vorschläge gemacht,
unter welcher Bedingung es ihn wolle aufreiten lassen;
nehme er dieselben an, so lasse Schwyz ihn aufreiten,
wenn nicht, so verweigere es den Auftritt. Da auch in
den nächsten Tagen Schwyz keine Sinnesänderung an den
Tag legte, sind die IV Orte am 11. August wieder in
Luzern beieinander, um sich angesichts der nächst bevor=
stehenden Tagsatzung auf ein einstimmiges Votum zu ver=
ständigen. Namentlich Zug zeigt auch bei diesem Anlasse,
daß es das eigensinnige Verhalten von Schwyz tadelt,
und so wird Schwyz nochmals dringend ermahnt, die
Mittel endlich anzunehmen und Luchsinger endlich auf=
reiten zu lassen. Und da die Rede war, wenn Schwyz
weiter sich weigere, den Luchsinger in sein Amt einzuführen,
werde Glarus allein diesen Akt vollziehen, scheint man in
Luzern prinzipiell gegen dieses Vorhaben keinen Einwand
erhoben zu haben; man bittet — durch Zürichs Ver=
mittlung — Glarus lediglich, daß es, seinen Freiheiten
und Rechten unbeschadet, einstweilen (will sagen: bis zu
der in 11 Tagen stattfindenden Tagsatzung) es unterlassen
möchte, den Luchsinger als Vogt in sein Amt einzuführen.

Es dient wohl zur Illustrierung des schleppenden
Ganges der alten Tagsatzung, daß auch die am 22. August
(1564) zusammentretende Versammlung, an welcher Land=
ammann und Pannerherr Schorno von Schwyz, der
grimmige Feind der neugläubigen Glarner, und Land=
ammann und Pannerherr Paulus Schuler, der Führer
der evang. Glarner, sich gegenüberstanden, es wieder zu

keinem definitiven Entscheid brachte, so entschieden die ganze Versammlung das Vorgehen von Schwyz mißbilligte. Man ersucht Schwyz nochmals bringend, sich zu fügen, und Schwyz verlangt nochmals, daß Luchsinger zum Beweis, daß er wirklich noch katholisch sei, zu Einsiedeln beichte und das h. Sakrament empfange; beschlossen aber wird lediglich, daß Schwyz bis zum 29. September definitive Antwort an Zürich einsende, damit dieses Glarus Mitteilung mache, daß sein Vogt nun aufziehen könne; sollte aber Schwyz wider Erwarten ablehnen, so soll Zürich mit Beförderung eine Tagsatzung ausschreiben, auf welche dann jedes Ort seine Gesandten mit umfassenden Vollmachten abzuordnen hat.

Die ihm dadurch gesetzte Frist — 29. September — ließ Schwyz zwar nochmals ohne Antwort verstreichen; am 17. Oktober haben die IV Orte von Glarus sogar Bericht, daß Schwyz alles ablehne, und erlassen deshalb noch einmal ein bringliches Schreiben an Schwyz, daß es doch keine Ursache zu einem Zwiespalt in der Eidgenossenschaft gebe; als dann aber am 22. Oktober die Tagsatzung wirklich zusammentrat, giebt seine Gesandtschaft auf gestellte Anfrage die Erklärung ab: Es danke den Eidgenossen für die viele Mühe und Kosten, welche sie seinetwegen in diesem Handel gehabt, und bedaure herzlich, daß es ihnen bisher nicht habe willfahren können, werde übrigens stets erkenntlich sein; auf die vielfältigen Bitten aller und einzelner Orte und Gesandte wolle es sich nun dazu verstehen, daß Luchsinger als Vogt in Uznach aufreite und die Unterthanen nach altem Brauch in Eid nehme, aber mit dem Vorbehalt, daß derselbe nichts wider den alten Glauben vornehmen dürfe und bestraft werde, wenn er es dennoch thun würde. Wie herzlich das von Schwyz ausgesprochene Bedauern war, lassen wir dahin gestellt sein (fast erscheint sein vorausgeschickter Dank an die Eidgenossen als ein Hohn auf ihre Geduld), dagegen ist sicher, daß alle wohlgesinnten Eidgenossen bei der von Schwyz erteilten Schlußerklärung aufatmeten, weil „damit nicht allein die von

Glarus, sondern auch gemeine Eydgenossen auß diesem verdrießlichen Handel zu Ruhe und Frieden kommen sind."[6] Und so kann denn endlich im Oktober unser Fridli Luchsinger von Schwanden, um dessetwillen wir diese Dinge hier erzählt haben, in Uznach seinen Aufzug als Vogt halten und von seinen Unterthanen sich huldigen lassen. Wie er aber sein Amt erst verspätet antreten konnte, scheint es, daß er auch vor Ablauf seiner Amtsperiode durch eines Höhern Machtgebot von seinem Posten abgerufen worden, da ihm dann Jakob Fischli „ausbiente".

Für Schwanden aber dürfen die unglücklichen konfessionellen Händel nun für 3 Jahrzehnte ruhen, bis sie 1594 durch die schon berührten Verhandlungen, noch mehr aber 1595 durch den am Altar verübten Mutwillen einiger seiner Bürger neu aufgerührt wurden.

13. Die Bevölkerung von Schwanden im 16. Jahrhundert.

Heutzutage wird bekanntlich alle 10 Jahre durch das ganze Gebiet der Eidgenossenschaft eine Volkszählung aufgenommen und weiß man infolgedessen von jedem Dorf und Dörflein, wie viele Einwohner es zählt, sogar wie alt ein jeder von ihnen war, wie viele noch ledig und wie viele hingegen verheiratet oder verwitwet waren, sogar wie viele Zimmer sie zur Verfügung hatten und wie viele Pferde, Kühe, Schafe und Ziegen sie besaßen — unsere Statistiker in Bern haben ja nach so einer Volkszählung auf ein paar Jahre hinaus ein förmliches Wohlleben und die Historiker des 20. Jahrhunderts müssen sicherlich, wenn sie einmal die Geschichte unserer Zeit erzählen wollen, namenlose Freude über die Zuverlässigkeit und die Fülle der ihnen dafür zu Gebote stehenden Zahlen empfinden. Nicht so gut sind wir über die Einwohnerzahlen des 14. und 15. Jahrhunderts orientiert; wir sind vielmehr darüber meistens nur auf Mutmaßungen und sehr unge-

---

[6] J. Heinrich Tschudi, Glarnerchronik, pag. 489.

fähre Berechnungen angewiesen. Schon etwas nähere Angaben erhalten wir für das 16. Jahrhundert. So geben uns über die Bevölkerung der Jahre 1543 und 1554 die Zusammenstellungen, die der Chronist Trümpi auf Grund der ihm vorliegenden Pensionenrödel uns überliefert, einigen Aufschluß. Darnach zählte 1543 Schwanden — der Tagwen, nicht etwa die Kirchgemeinde — 106 „Mannen und Knaben", genau so viele als der Tagwen Rüti, zu dem aber damals auch Ennetlinth gehörte, und nicht viel mehr als die heute so viel weniger volkreichen Gemeinwesen von Oberurnen und Bilten, die beide je 98 Mannen und Knaben zählten. Übertroffen an Seelenzahl wurde es damals, 1543, nur von Glarus, Näfels und Kerenzen, während Ennenda, das bei der 1888er Volkszählung 352 Einwohner mehr als Schwanden zählte (2715 gegen 2363), 1543 noch um 22 % (82 gegen 106) hinter Schwanden zurückstund. Der damals ganz zu Schwanden gehörige Eschentagwen zählte 1543 als der kleinste der damaligen 17 Tagwen erst 37 Knaben und Mannen; wie viele aber von den 91 Pensionsberechtigten des Tagwens „Hätzingen" (der Haslen mit umfaßte) oder den 48 des Tagwens Mitlödi (dem auch Schwändi und Sool zugehörten) nach Schwanden kirchgenössig waren, wissen wir nicht. Vielleicht dürfen wir annehmen, daß die ganze Kirchgemeinde damals (1543) gegen die 200 Pensionsberechtigte oder — wenn wir Frauen und Kinder [1]) mit hinzuzählen — 600 – 700 Einwohner zählte.

---

[1]) Ich nehme an, daß die Unterjährigen in der Zahl der „Knaben und Mannen" nicht mitberechnet sind, d. h. daß unter „Knaben" nur die ledigen, noch nicht verheirateten (Mannen), aber über 16 Jahr alten Mannspersonen verstanden wurden. So wurde wenigstens später gezählt. Das „Gemälde des Kantons Glarus" (pag. 254) nimmt allerdings an, daß damals unter Knaben und Mannen alle männlichen Einwohner — auch die Minderjährigen — gezählt wurden, und den positiven Beweis für meine gegenteilige Annahme zu leisten, bin ich allerdings, da nach Mitteilungen von Herrn Staats-Archivar E. Schindler die Pensionsrödel jener Tage nicht mehr vorhanden sind, nicht im stande, es stützt sich dieselbe lediglich darauf, daß es bei späterer Gelegenheit heißt: „Mannen und Knaben ob 16 Jahren".

Elf Jahre später ist die Zahl der Männer und Knaben in Schwanden auf 143 angestiegen, hat sich also um nicht weniger als 30 % vermehrt, im Tagwen Hätzingen, von 91 auf 136 ansteigend, um 49 % und im Eschentagwen, der nunmehr statt 37 Pensionsberechtigte deren 63 zählt, sogar um volle 70 %. Mit seinen 143 Knaben und Mannen ist der Tagwen Schwanden nun auch Näfels voraus, das für die in Frage stehenden 11 Jahre keinen Fortschritt, vielmehr einen Rückgang von 7 Pensions= berechtigten (von 138 auf 131) verzeigt — wohl ein Beweis, daß die so auffallend starke Vermehrung der Einwohnerzahl für den ganzen Kanton (von 1643 auf 2152 Pensionsberechtigte) nicht bloß durch den Überschuß der Geburten über die Sterbefälle, sondern auch, wie wir bei anderm Anlasse schon andeuteten, durch die Einwanderung von Evangelischen, die anderwärts um ihres Glaubens willen vertrieben wurden und sich in Schwanden, in Hätzingen und dem Eschentagwen, nicht aber in Näfels niederließen, verursacht wurde. Wenn wir annehmen, daß 1554 die Zahl der Pensionsberechtigten für die ganze Kirchgemeinde etwa 270 betrug, und wir ihre nunmehrige Gesamtbevölkerung auf 8—900 Seelen schätzen, so dürfte dieser Schluß in den vorausgehenden Daten wohl seine Begründung finden.

Um so überraschender ist freilich auf den ersten Blick, daß wieder 13 Jahre später die Einwohnerzahl nur 575 betrug; 1567 hatte nämlich Pfarrer Strupler alle Haus= haltungen verzeichnet und dabei in Schwanden 257, in den Ausdorfschaften 318, zusammen 575 Seelen vorge= funden. Die Ursache dieses großartigen Rückganges in der Seelenzahl ist uns aber nicht unbekannt: es ist der Würgengel der Pest, der 1565/66 wie die übrigen Ge= meinden, so auch Schwanden heimgesucht hat.

Es war auch nicht das erste Mal, daß die Pest Schwanden ihren unheilvollen Besuch abstattete. So be= richtet uns Val. Tschudi, daß bereits 1526 die Pest bis Schwanden vorgedrungen. „In Schwanden starben nit gar 200." 1543 ist sie wieder im Lande und hat sie, wie Landammann Paulus Schuler in dem oben mitgeteilten Schreiben an Ammann Arnold meldet, die Zahl der Altgläubigen auf ein Minimum rebuziert. Und dieselbe Pest hat nun 1566 — ein Jahr also vor der durch Pfarrer Strupler vorgenommenen Volkszählung — aufs neue und wohl schrecklicher noch als 1523 und 1543 das Land heimgesucht. So meldet uns das Taufbuch von Schwanden: „Zu wüssen, daß im 1566. Jahr ein großer Stärben gsin, durch ganz Teutschland. Und im 1567, als dem darauf volgenden Jahr hat lut des alten Taufbuchs Her Heinrich Strupler sälig alle Haußhaltungen der ganzen Kilchhöri verzeichnet und in der ganzen Kilchhöri die an dem Näbetblatt verzeichnete Zahl, nämlich 575 Seelen befunden."

Leider ist uns das im Vorausgehenden erwähnte, von Pfarrer Heinrich Strupler aufgenommene Haushaltungsverzeichnis, das uns eine genaue Übersicht der damaligen Gemeinde gegeben hätte, nicht mehr vorhanden. Als etwelcher Ersatz können uns dienen die seinerzeit in der Sakristei von Schwanden vorgefundenen, wahrscheinlich der Mehrzahl nach dem 16. Jahrhundert angehörigen Zinsrödel.[2]) Da finden wir, wenn ich richtig las und zählte, 14 Angehörige des Geschlechts der Luchsinger, was uns nicht verwundert; mehr wundert uns, daß das heute verschwundene Geschlecht der Schilling am zweitmeisten — acht Mal — genannt wird (vor allem auf Schwändi); ihnen folgen — siebenfach erwähnt — die Feldmann, aber auch

---

[2]) Schon die älteste Handschrift erwähnt den 1520 ein erstes Mal amtenden Vogt (Fridolin) Schuler. Erwähnen will ich gleich auch noch, daß diese Zinsrödel das nun verschwundene Obfuren noch kennen; Hänsli Veltmann besitzt außer Hus und Hofstatt in Schwanden auch den „Langenacher", der das eine Mal als „Langenacher vor Schwanden", das andere Mal als „Langenacher zu Obfurn" aufgezählt wird. Anderseits ist Fridli Zopfi im Than (auch hierin zeigen die Zinsrödel noch die alte Geographie, indem sie konsequent im Than — nicht Thon — schreiben) Besitzer von Hub und Hofstet zu Obfurn. Auch dadurch bestätigt sich wohl meine früher ausgesprochene Ansicht, daß Obfurn zwischen Nitfurn und Thon gelegen war.

die nun ebenfalls erloschenen Fry (von Zufingen); sechsfach sind die Jenni (Sool, Schwanden und Haslen) und die Kläsi (Schwanden, Nitfurn), fünffach die Nuß (Sool) erwähnt. Vierfach sind angemerkt die Tschudi, die Lager und die Bifanger (ursprünglich wohl. die Bewohner des Bifang ob Haslen); dreifach die Stäli (auch Städeli), die Dung (oder Thung), die Strebi, die Vögeli, die Vogel und die Zäh, doppelt die Schinbül, die Döisy und die vielleicht mit ihnen identischen Thösy, die Scherer, die Schuler, die Blesi, die Kubli, die Müller, die Strub, die Loreti und die Zopfi (dabei das eine Mal als Zopfi b. Kubli). Nur einmal erwähnt sind, sofern wenigstens Nachträge von späterer Hand nicht mitzählen: die Böniger, Dürst, Freuler, Grüninger, Gerwer, Häffi, Hummel, Kalz, Lamperter, Marti, Michel, Möritz, Murer, Ripp, Schießer, Stüßi, Sutter, Uli, Bischer, Walser, Wachsler, Zimmermann und Zollinger. Die Blumer sind von der dem ersten Drittel des 16. Jahrhunderts angehörigen ältesten Handschrift nur in der Person eines Wälti Blumer von Luchsingen erwähnt, noch nicht auf dem Gebiet der heutigen Kirchgemeinde Schwanden. Die heute in Schwanden blühenden Hefti aber fehlen gänzlich — in Luchsingen wie in Schwanden und Haslen; ebenso finden wir die Wichser nicht erwähnt. Dagegen sind uns eine reiche Anzahl von Geschlechtern begegnet, die heute und zum Teil schon längst ausgestorben sind — wohl nicht wenige, weil ihre letzten Angehörigen durch die Pestepidemien von 1543 und 1566, 1611 und 1629 dahin gerafft wurden.

14. Die Geistlichen des 16. Jahrhunderts.

Im ältesten Taufbuch von Schwanden findet sich ein Verzeichnis der Geistlichen von Schwanden von der Hand des bekannten Chronisten Joh. Heinrich Tschudi (1692 bis 1719 Diakon und 1719—29 Pfarrer von Schwanden), ohne Zweifel von diesem auf Grund älterer Angaben eingetragen.

Als Geistliche des 16. Jahrhunderts nennt derselbe:
Johannes Schindler (bis 1527; s. o. K. 8).
1527 Johannes Wolf.
1528—1532 Peter Schädler (Peter Rümelin, o. K. 8).
1532—1544 Rudolf Griner.
1544—1547 Valentin Bolz.
1547—1556 Laurenz Meier (Laurentius Agricola, o. K. 9).
1556 Matthias Bodmer.
1556—1557 Joseph Hauser.
1557—1566 Felix Tobler.
1566—1570 Heinrich Struppler (o. K. 13).
1570—1574 Jakob Frank (v. Zürich).
1574—1575 Jakob Rüegger.
1575—1580 Johannes Zubler.
1580—1588 Hans Konrad Aeberli.
1588—1590 Hans Felix Tobler.
1590—1610 Josua Wäckerling.

In Zeit von 83 Jahren, 1527—1610, amteten somit 15 Pfarrer, von denen wohl kein einziger Glarner von Geburt war. Über den von Uster gebürtigen Felix Tobler berichtet Josua Maler, der ältere, in seiner Lebensbeschreibung: „Als ich zu Straßburg angelanget, fand ich daselbst vil liebe und getreuwe Landleuth, under denen mir fürauß genehm und anmuthig war Herr Felix Tobler, ein züchtiger, wohlgelehrter Jüngling, gar graber, langer und wollgestallter Gliedmaß, ein guter Musicus vocalis und instrumentalis; Lauten, Gygen, Clavicymbeln und Positivus, und wenn es Kurzweil erheischt, auch Trummen zu schlahen, war ihm eine wohlgefügte Sach, deß war er menniglich lieb und angenehm; ist mit mir von Zürich gen Bern zogen Anno 1549 und 1550, witer zu mir zu Losanna kommen; brachte ihn under by meinem Herrn; wurden also uf ein Neuwes Tisch- und Bett-Gesellen, und als er folgender Zeit von unsern gelehrten heimberüefft, ist er fürderlich als er sein Examen wol bestanden, zum Kilchendienst, auch bald darnach auf die Pfarr Schwanden im Land Glaris verordnet worden, daselbst er auff etwas wenig Jahr mit gesunder Lehr und gutem Wandel der christenlichen Gmeind wohl vorgestanden und in einem eingebrochnen schwären Sterbent von dem lieben Gott, der uns allen zu gebieten hat, uß dieser Zeyt ist erforderet worden."

Bürger von Schwanden, die ins historische Museum von Schaffhausen gekommen, haben dorten die Denkmäler von Georg Müller (Bruder des Geschichtsschreiber Joh. Müller) und des Chronisten Jakob Rüegger (dargestellt als „stiller Beobachter des unter ihm vorüberrauschenden Menschenstromes") wohl schon beachtet. Eben dieser Rüegger, geb. 15. Juli 1548, war 1574—1575 Pfarrer von Schwanden, kam von da nach Schaffhausen, allwo er am 19. August 1606 starb. Er war der Chronist von Schaffhausen. Auch Hans Konrad Aeberli, der 1588 von Schwanden weg als Pfarrer nach Henkart, Kt. Zürich, kam, war Schriftsteller; er schrieb eine Chronik der Stadt Zürich von ihrem Ursprung bis 1490. Er starb 1601.

Von Josua Wäckerling (geboren 1570 als Sohn des Dekan Josua W. in Horgen) meldet Wirz (Kirchenetat des Kts. Zürich) im Gegensatz zu obiger Angabe Tschudis, daß er nach seiner Ordination zuerst Pfarrer in Sirnach (Thurgau) und erst 1602 Pfarrer in Schwanden geworden, und kann ich meinerseits nicht entscheiden, welche der beiden Angaben die richtige, vermute aber, daß Hr. Wirz auf positive Quellen sich stützt. In diesem Falle hätten wir für die Zeit von 1527—1610 sogar 16 Pfarrer zu zählen, indem in obiger Zusammenstellung für die Jahre 1590 bis 1602 ein Herr Incognitus einzuschieben wäre. Von Schwanden kam Pfarrer Josua Wäckerling nach Hedingen (Zürich) und starb 1634.